ÉDUCATION

DE LA

SOCIÉTÉ

PAR

le Comte Georges DE LA ROCHE-AYMON

PARIS

LIBRAIRIE SAINT-PAUL

6, rue Cassette, 6

Éducation de la Société

En vente à la même librairie :

DU MÊME AUTEUR

L'Education de la jeunesse.
L'Education de la famille.
L'Education de la société.

ÉDUCATION
DE LA
SOCIÉTÉ

PAR

le Comte Georges DE LA ROCHE-AYMON

PARIS
LIBRAIRIE SAINT-PAUL
6, rue Cassette, 6

Education de la Société

Sommaire.

PRÉFACE

L'auteur se devait à lui-même de compléter ses études sur la Jeunesse et sur la Famille, en écrivant « l'Education de la Société », et de tracer, en quelques pages, et en un style très simple, un plan précis, quoique très sommaire, des causes de la destruction de la société et des remèdes à employer pour sa guérison, et surtout de rappeler très brièvement aux citoyens leurs droits et leurs devoirs, afin de les amener à constituer, selon les lois immuables de la morale et de la justice, une société modèle, capable de vivre, de se développer et de prospérer moralement et économiquement et, en même temps, de se défendre contre les doctrines dangereuses des socialistes révolutionnaires et les agissements criminels des internationalistes.

Comme cette guerre sanglante a détruit en partie la famille, a bouleversé les mœurs et la morale, et a renversé les principes de notre société et de notre vie économique et sociale, il est donc de toute nécessité d'enseigner aujourd'hui à chacun que cette société nouvelle doit tout spécialement faire appel à l'union et à la bonne volonté de tous les citoyens, ainsi qu'aux principes de la grande doctrine chrétienne, si elle veut résoudre, sans heurts violents, les graves et difficiles problèmes sociaux de demain, et ramener ainsi, grâce au concours bienfaisant et nécessaire de la charité et des œuvres, l'entente, la concorde et la prospérité entre les fils de la chère patrie, qui connaîtra certainement les joies de la grande victoire libératrice, à l'heure où l'Allemagne vaincue disparaîtra dans la honte et le sang.

Observations générales.

Nous avons, dès aujourd'hui, la preuve des ravages terribles que cette guerre infâme, telle qu'elle nous a été criminellement imposée par l'Allemagne tout entière, a fait dans notre vie intellectuelle, économique et morale, pour nous être laissé tromper, pendant de si longues années, par les doctrines décevantes et odieusement coupables de nos socialistes révolutionnaires, soumis aux ordres de l'Internationale.

En effet, depuis de longues années nous perdons

une grande partie de nos forces vives dans des querelles intestines, et nous dépensons ainsi notre énergie de jadis à haïr ce qui avait contribué à faire autrefois notre grandeur et notre gloire ; et tout cela à cause de notre indifférence coupable, de notre manque d'union et de notre ignorance des questions sociales ; ce qui a permis alors à une minorité infime de citoyens de travailler contre les intérêts sacrés de la patrie, et de favoriser ainsi les appétits et les utopies dangereuses de sectaires sans scrupules et d'arrivistes sans conscience.

Aussi, dès que le Kaiser, qui a été en réalité l'instigateur constant de tous nos malheurs intérieurs, a pensé nous avoir assez divisés au point de vue politique et nous avoir assez ruinés au point de vue financier, il a jeté cyniquement son masque de pacifiste mondial et s'est précipité, comme une véritable brute, ivre d'orgueil, de sang et de férocité, sur la France trop confiante, pour l'égorger et l'asservir à jamais.

Et nous avons alors connu, malgré les promesses formelles de « l'Internationale », les heures douloureuses d'août et septembre 1914, pendant lesquelles les Allemands (suivant un plan conçu et arrêté entre Guillaume et les socialistes boches, ses complices et ses agents les plus serviles) assassinaient lâchement nos vieillards et nos enfants, martyrisaient avec cruauté nos femmes et nos filles de France, volaient et cambriolaient comme de vulgaires apaches nos villes, nos musées et nos banques, et commettaient ainsi, sur les ordres formels des chefs, et tout spécialement sur les instructions des princes impériaux, les actes les plus sanguinaires et les plus dégradants, dans le but scandaleux de détruire pour toujours la France bien-aimée, pays de Clovis, de saint Louis et de Jeanne d'Arc, et à qui Dieu réserve une destinée superbe.

C'est pourquoi nous ne devons jamais oublier, pour la mémoire même de nos chers et glorieux héros, que la « Kultur » allemande est une doctrine infâme, qui a toujours prêché l'usage exclusif des mœurs barbares contre le monde civilisé.

La « Kultur » est en effet un ferment constant de basse corruption, de haine et d'immoralité ; c'est en fait une religion satanique, qui prétend remplacer toute religion divine et imposer à l'humanité entière, par le feu et le sang, ses basses passions.

Par conséquent, si nous voulons éviter le retour à l'esclavage dégradant du paganisme et à toutes les cruautés commises dans l'antiquité païenne, il nous faut détruire à jamais cette horde de barbares, en tant que nation armée, puisque l'Allemagne est l'ennemi déclaré et absolu de la civilisation, de la morale et de la justice.

Du reste, le monde entier, devant les actes de corruption de l'Allemagne et en face de sa barbarie, a déjà protesté avec violence et a dû réclamer, dans l'intérêt même de l'humanité, que cette race impie et sanguinaire soit mise dorénavant dans l'impossibilité de nuire.

Cette guerre a, en outre, bouleversé la famille et la société ; c'est pourquoi nous devons plus que jamais songer à résoudre rapidement et pratiquement tous les problèmes sociaux nouveaux, qui se présentent chaque jour à nous dans des conditions très difficiles ; or, pour obtenir ce résultat, il est de toute nécessité de bâtir au plus vite une société nouvelle sur des bases nouvelles, en s'appuyant sur le droit, la vérité et la charité, parce qu'aux heures dangereuses de la désespérance et au moment des agitations populaires, il n'y aura que les vertus chrétiennes seules qui pourront ramener à la raison les égarés, adoucir les douleurs, consoler ceux qui souffrent, apaiser les haines et donner au foyer désolé et dans la société ébranlée la foi, le courage et l'amour du prochain, c'est-à-dire l'union et la confiance entre tous les fils de France, qu'une bande de sectaires cherche encore aujourd'hui à diviser.

Que dès maintenant la France outragée se lève tout entière dans un élan sublime d'indignation vengeresse, et que devant toutes les nations civilisées, qui viennent à elle avec joie et avec respect pour la saluer et l'admirer, elle pose d'une main sûre les bases inébranlables d'une société modèle, à l'abri désormais de toute tempête humaine et inaccessible aux doctrines criminelles des utopistes et des internationalistes !

Mais, commençons par apporter dans nos relations quotidiennes un plus grand esprit de sacrifice, d'abnégation, de dévouement et de pensée chrétienne, pour régler, grâce à de grands élans de charité, les difficultés insurmontables de la vie nouvelle économique, car demain les nations et les sociétés devront continuer leur vie et leur marche en avant, si elles ne veulent pas périr dans le désordre et la misère, d'autant que, quand nos glorieux héros reviendront tout meurtris, ils seront pressés de s'asseoir au foyer domestique et de retrouver leur place au sein de la famille, à la tête de leurs affaires et dans la société.

Que sera alors devenue la famille pendant leur absence ?

Dans quel état retrouveront-ils la société ?

Et quelle sera la mentalité nouvelle de ces hommes après quatre années de guerre ? Mystère absolu !

Il est cependant nécessaire d'envisager dès aujourd'hui toutes ces choses, puisque d'elles dépendra en partie le succès ou la faillite de la vie sociale de demain.

En effet, que de questions troublantes et angoissantes !

Car la famille pour beaucoup n'existe déjà plus, puisque la mort a fait son œuvre et que, pour d'autres, l'esprit dangereux d'aventures et le besoin de la licence ont depuis longtemps tout brisé.

Il en est de même pour la société ; il nous faudra donc nécessairement revivre une autre vie sociale toute différente, par suite même du bouleversement général dans les relations économiques et surtout à cause des besoins nouveaux nécessités par le renchérissement de la vie courante et la haute paie, souvent exagérée, de l'ouvrier, et du mobilisé à l'usine.

Devant cet état de choses très inquiétant, que fera celui qui reviendra ?

Nous pouvons répondre cependant que tout dépendra de l'appui moral et matériel que la société nouvelle aura su lui préparer pendant la guerre, de l'autorité et de la sagesse des gouvernants, ainsi que de la valeur réelle et bienfaisante des lois nouvelles ; c'est dire qu'il est de notre devoir à tous de mettre de suite tout en œuvre :

1° Pour rendre facile à ces hommes cette vie nouvelle, qu'ils vont être appelés à vivre ;

2° Pour leur garder intacte et plus hospitalière la maison familiale et leur inspirer un grand amour du foyer domestique, dont ils auront un réel besoin physiquement et moralement ;

3° Pour les aider à devenir des citoyens consciencieux et scrupuleux, c'est-à-dire d'ardents combattants pour la grande rénovation nationale ;

4° Enfin, pour leur inspirer le goût et la pratique de la vie chrétienne, qui leur sera indispensable demain pour la reprise de leur existence journalière et pour la compréhension complète et morale de leurs droits et de leurs devoirs, en face surtout des difficultés croissantes et des nombreuses détresses de l'existence future.

Mais, pour cela, il nous faut changer radicalement notre façon d'agir et de comprendre nos obligations de citoyens et de chrétiens, et il est surtout nécessaire de réformer complètement, sans délai, nos mœurs sociales et politiques, de grouper nos volontés au lieu de les diviser, de former de nombreuses fédérations et de suivre une ligne de conduite intelligente, tracée par des hommes de bien, qui sauront imposer silence aux perturbateurs et donner à toutes nos œuvres la force et l'énergie nécessaires pour faire des choses vraiment utiles et toujours meilleures.

Et puis commençons aussi par tout restaurer dans l'ordre familial, social et moral, si nous voulons vraiment être à la hauteur des événement nouveaux, faire du bien autour de nous et régénérer la France ; car c'est seulement sous l'effet vivifiant de l'esprit chrétien et de la charité bien comprise, ainsi que sous l'influence bienfaisante des associations et des syndicats utilement constitués que nous prendrons conscience de nos droits et de nos devoirs, que nous pourrons résoudre les graves problèmes sociaux au mieux des intérêts de la patrie, et que nous verrons refleurir les belles qualités françaises de jadis, qui ont fait de notre chère patrie la plus grande des nations, parce que chacun faisait alors passer au premier rang l'intérêt de la chose commune, et avait conscience de toutes ses obligations familiales et sociales, et de ses devoirs de chrétien.

La société.

Son utilité.

L'homme est né pour vivre en société, et il ne peut, selon la définition même de Léon XIII, vivre dans l'isolement, ni se procurer ce qui est nécessaire à la vie, ni acquérir les perfections de l'esprit et du cœur, s'il n'a pas à côté de lui ses semblables qui l'aident en société.

Du reste, la première manifestation de l'impuissance de l'être humain livré à lui-même apparaît chez l'enfant qui réclame, dès sa naissance, le secours journalier et suivi de son père et de sa mère pour boire, manger et se vêtir ; et c'est du reste ce besoin constant que nous avons les uns des autres qui a créé dans la famille des droits et des devoirs réciproques entre les enfants et les parents, de même qu'entre les citoyens dans la société.

Or, si les hommes ont un tel besoin de la société, il est nécessaire d'établir cette dernière sur des bases certaines et inébranlables, afin de la rendre utile à tous, et, en même temps, agréable à habiter.

Mais, pour obtenir ce résultat, il faut :

Une autorité réelle, respectée et respectable ;

Une direction compétente, éclairée et résolue ;

Une volonté raisonnée, constante et ferme ;

Un programme très complet et très étudié de vie sociale et de vie économique, arrêté par des compétences, en vue de l'intérêt de la chose commune et défendu constamment par de justes lois susceptibles de s'imposer à la conscience de tous les citoyens.

La société est composée :

1° *De gouvernants*, c'est-à-dire de citoyens qui ont reçu un mandat général de la part des gouvernés, dans le but unique de mener à bien la chose publique, de faire voter des lois et de les faire respecter par tous, sans aucune faiblesse, et sans aucune exception ; par conséquent, il est dangereux de confier la direction des intérêts de la patrie à un mandataire quelconque, puisque toute faute commise par ce dernier peut nuire gravement à la famille et, du même coup, à la société tout entière.

2° *De gouvernés*, c'est-à-dire de citoyens qui doivent obéissance aux lois, aux décrets, et à la justice du pays, et qui supporteront personnellement toutes les conséquences des erreurs volontaires ou involontaires commises par ceux qu'ils auront nommés pour les représenter.

3° *De lois*, qui sont votées par le parlement et auxquelles les citoyens doivent obéir et se soumettre.

Or, ces lois seront bienfaisantes ou nuisibles aux citoyens, à la famille et à la patrie, selon la valeur morale et intellectuelle des gouvernants et des parlementaires.

Par conséquent, il est indispensable de donner aux citoyens une éducation morale et sociale très complète, pour empêcher ces derniers de commettre des fautes graves, d'accorder leur confiance à des incapables ou à des indignes, et de confier leurs intérêts, ceux de leur famille et ceux de la société à des mandataires coupables ou indifférents.

Et c'est justement parce que l'électeur n'a aucune connaissance ni aucune compréhension des lois proposées, qu'il ignore généralement ses droits et ses devoirs sociaux, qu'il se désintéresse complètement des questions sociales et économiques, et qu'il ne se préoccupe jamais de la mentalité et de la valeur morale de ceux qui briguent ses suffrages, que nous vivons aujourd'hui des heures très angoissantes et très douloureuses, et que la barque de l'Etat prend eau de toutes parts.

C'est en effet cette ignorance et cette insouciance coupables de l'électeur, qui sont la cause certaine du mal affreux dont nous mourons ; c'est donc sur ces points particuliers que nos efforts doivent tendre aujourd'hui, dans le but d'éclairer le citoyen et de l'instruire, d'autant que l'indifférence et la veulerie des masses augmentent davantage encore l'audace des intrigants et favorisent scandaleusement leurs actes si préjudiciables à la cause sacrée de la famille, de la société et de la patrie, parce qu'elles permettent justement à un petit groupe de « camarades » peu recommandables, de faire entre eux leurs affaires personnelles, et de se mettre souvent hors la loi, sous le prétexte mensonger de « raison d'Etat », ce qui est une infamie et un danger public, surtout en République.

Sa définition.

La société est la réunion et le groupement des familles, et par suite, tout ce que nous avons déjà dit sur la nécessité de la valeur morale de la famille, et sur les trois lois qui servent de bases au foyer, est vrai pour la société, avec cette différence toutefois, qu'en général, le citoyen prend plus de soin de ses intérêts personnels que des intérêts publics, ce qui prouve à fortiori combien il est utile, surtout sous le régime républicain, de rappeler aux citoyens leurs devoirs envers la chose publique et d'enseigner à tous, avec un soin tout particulier, leurs obligations sociales, afin qu'ils se servent toujours avec intelligence et avec conscience de leurs bulletins de vote, pour élire des hommes libres et de devoir, capables de faire des lois utiles, justes, bienfaisantes, afin d'assurer la bonne marche de la vie publique.

Puisque la société est faite de familles, elle se compose nécessairement d'êtres faibles et d'êtres ignorants, à côté d'êtres forts et d'êtres intelligents, de pauvres à côté de riches, chacun devant travailler suivant ses forces et suivant la loi naturelle.

Or, pour diriger sûrement et intelligemment ces groupes d'hommes, quel que soit le régime politique, il faut des êtres, ayant une autorité indiscutable, une moralité très grande, une compétence certaine et une intelligence très étendue, afin de concevoir utilement, de commander à tous avec sagesse, de s'imposer au besoin, et de savoir proposer à bon escient des lois qui répondent aux nécessités de la vie familiale et sociale et qui servent seulement à la chose commune ; s'il en est autrement, aucune société ne peut vivre, car c'est le désordre ou l'anarchie à tous les degrés de l'échelle sociale.

Du reste, Pie X nous rappelle très sagement que toute société de nature indépendante et inégale a besoin d'une autorité qui dirige l'activité humaine vers le bien commun et qui impose sa loi.

Mais pour que l'ordre social puisse régner sous ce principe d'autorité, qui tire, en réalité, sa force de la loi morale, il faut que les efforts de tous tendent vraiment au bien général, sans toutefois diminuer la liberté inhérente à toute nature humaine et sans enrayer les efforts de chacun en vue de son bien personnel.

Ainsi, pour nous faire une idée très nette d'une société, nous pouvons comparer cette dernière à un grand immeuble, qui abriterait à chaque étage des familles et dont la réunion formerait la société elle-même ; les gérants de l'immeuble représenteraient les ministres, les sénateurs et les députés ; les règlements intérieurs et extérieurs auront la valeur de lois et de décrets, et les bases de l'immeuble, c'est-à-dire les assises sur lesquelles repose l'immeuble et qui lui donnent sa solidité et sa force, seront composées de plusieurs piliers très fortement cimentés, dont trois lui sont indispensables, et qui représentent la morale, la justice et le droit.

Cet exemple va nous permettre, grâce à un examen attentif et raisonné des lieux, de nous rendre compte rapidement :

A. De la valeur intellectuelle et morale des gérants, chargés de diriger et de conserver la chose publique ;

B. De l'utilité réelle et pratique des lois, dont ils ont l'initiative, dans l'intérêt commun de l'immeuble et des locataires ;

C. Enfin de l'état général de l'immeuble, qu'ils doivent entretenir et faire prospérer, grâce à de sages règlements.

Malheureusement, dès le premier examen, l'état extérieur de l'immeuble moderne ne donne pas, à première vue, une impression très favorable de solidité et de conservation ; la façade porte des traces certaines de nombreuses réparations, faites par des ouvriers inhabiles et incompétents ; les murs extérieurs sont lézardés de bas en haut, la toiture est mal consolidée, le vent y souffle avec violence et la pluie y tombe avec abondance, ce qui est un danger public, car une grande tempête amènerait certainement l'effondrement complet des murs et rendrait tout au moins l'immeuble inhabitable.

Cette première constatation rapide établit, tout d'abord, d'une façon indiscutable :

A. La négligence coupable et le manque de conscience des gérants ;

B. La faute grave des citoyens, qui confient si légèrement à de tels hommes leurs intérêts et surtout les intérêts publics.

Mais si, désireux de terminer notre inspection, nous entrons dans l'intérieur de l'immeuble, nous sommes aussitôt effrayés de l'état lamentable de l'escalier et des étages, et du désordre qui y règne, par suite du manque total d'ordre et de surveillance.

C'est l'anarchie la plus complète, et c'est le délabrement absolu.

Enfin, à chaque étage, c'est la bataille, la discorde et la haine entre tous les locataires, qui se disputent sans pudeur la chose publique et détériorent l'immeuble sans aucun scrupule.

Nous avons donc maintenant la preuve qu'il n'y a :

A. Aucune autorité sérieuse, ni aucune direction intelligente ;

B. Aucun règlement utile et pratique ;

C. Aucune compétence chez les gérants, qui sont des mandataires indignes, manquant à leurs devoirs ou trafiquant de leur mandat ;

D. Aucune entente entre les gérants et les locataires, ni entre les locataires entre eux.

Et si nous descendons ensuite dans les caves, nous voyons alors avec indignation que les piliers ont été minés par des mains criminelles et que les assises de l'immeuble ont été détruites par la faute même des gérants, lesquels ont mis audacieusement en pratique leurs doctrines coupables, et ont nui ainsi à la chose publique, dont ils avaient cependant la garde.

C'est donc l'effondrement prochain et la ruine certaine de la maison commune ; et c'est, du reste, ce qui explique le lézardement général de l'immeuble, tant à l'extérieur qu'à l'intérieur.

En vérité c'était fatal, puisque l'Ecole moderne, dont la devise est : « Chacun sa vie », prêche l'émancipation à outrance, l'individualisme, l'intérêt personnel et se fait gloire de vivre sans Dieu ni maître ; il s'ensuit que, d'un côté les gérants, et de l'autre les locataires, n'ont eu qu'une idée : dilapider le bien public à leur profit.

Nous verrons heureusement qu'il en sera tout différemment lors de l'expertise que nous ferons plus tard dans une société où régneront les vertus familiales et sociales, et où chacun connaîtra, exercera et pratiquera conjointement et honnêtement ses droits et ses devoirs de citoyen et de chrétien.

Causes de la destruction de la société.

Cet examen rapide nous permet de déterminer aujourd'hui les causes de la destruction de la société moderne, et de grouper ces dernières comme suit :

1° Le renversement des trois lois fondamentales, qui servent de bases à toute société humaine, c'est-à-dire :

A. Loi de stabilité, qui donne à la majorité réelle le droit et lui impose le devoir de défendre l'intérêt national, et qui exige l'ordre constant dans la société.

B. Loi d'autorité, qui confie tout spécialement à des compétences réelles et honnêtes la direction de la chose publique.

C. Loi d'amour qui, tout en laissant à chacun ses droits d'opinion et de préférence, l'oblige cependant à apporter en toutes choses un esprit de dévouement, de justice et de conciliation dans l'intérêt général, qui doit seul toujours primer tout autre intérêt.

2° La mauvaise éducation donnée à l'enfant dans

la famille et à l'école, et qui fait nécessairement de ce dernier un mauvais fils et un mauvais citoyen.

3° La disparition de la vieille Maison familiale dont le groupement constitue en réalité la patrie, où se trouvaient sagement réunis tous les souvenirs et tous les principes de la famille, où tous ses membres se réunissaient régulièrement pour y fêter des anniversaires, y goûter des joies saines et des émotions douces et touchantes, et où chacun retrempait sa foi et ses espérances, aux jours des chagrins et des deuils, comme aux heures de bonheur et des événements heureux.

4° L'abandon de la pratique des droits et des devoirs dans la famille, ainsi que la mauvaise conception de la vie maritale, ce qui a bouleversé le foyer domestique, a détruit l'ordre et l'autorité à l'intérieur et a encouragé l'individu à ne plus obéir et à se soustraire à toutes ses obligations.

5° La mauvaise éducation du citoyen, qui néglige trop souvent d'exercer et de remplir ses droits et ses devoirs politiques, au détriment des intérêts de la patrie et de ses intérêts personnels.

6° La mauvaise direction de la chose publique par des mandataires ignorants ou indignes, qui sont sans conscience et qui abusent de leur mandat, pour satisfaire à leurs besoins ou à ceux de leur parti dont ils sont devenus les esclaves.

7° Les lois mauvaises et impies, concernant l'école, la famille et la société, qui favorisent particulièrement les agissements coupables d'un petit nombre d'êtres sans scrupules, dont l'occupation consiste à ruiner la fortune publique, et à flatter les masses pour en obtenir les faveurs.

8° La destruction de la morale et des principes chrétiens, qui sont la base même des droits et des devoirs et sans lesquels aucune société ne peut vivre normalement ni honnêtement.

9° Le remplacement de la doctrine religieuse par une prétendue morale dite civique, faite d'égoïsme, d'indifférence et d'arrivisme, laquelle favorise les appétits de quelques-uns et sert les intérêts des sectaires haineux, au détriment de la masse.

10° La profusion volontaire de doctrines fausses, d'utopies scandaleuses, humanitaires et sociales, qui prêchent la haine des classes et la lutte du capital et du travail, et qui conduiront nécessairement la société au socialisme révolutionnaire et à l'anarchie destructive, au détriment de la chose publique.

11° Ensuite, ce qui est grave et condamnable, la veulerie et l'inertie coupables de ceux qui, se disant bien pensants, et qu'on appelle « les braves gens », ne veulent faire aucun effort personnel, et refusent même tout concours direct et pécuniaire, en vue de la défense et de la protection sociale et religieuse, quand cela peut nuire à leurs intérêts particuliers, froisser leur orgueil ou leur amour-propre, et gêner leur quiétude individuelle, laissant ainsi les adversaires, qui sont cependant la petite minorité, commettre des actes graves et dangereux à l'égard de la famille, de la société et de la morale.

12° Et enfin le manque d'union entre les gens de bien et les citoyens honnêtes, qui dédaignent de se jeter dans la bataille pour éclairer le peuple et pour combattre les doctrines mensongères de ceux qui flattent les électeurs, parce qu'en réalité ils veulent vivre tranquillement leur vie oisive, loin des agitations des foules, alors que des projets dangereux se préparent au parlement et que des lois néfastes vont être votées, qui ruineront à jamais leurs biens et ceux de leurs enfants, et tandis que le tourbillon révolutionnaire s'annonce de plus en plus violent, et menace de détruire la patrie elle-même, au nom d'une prétendue démocratie mondiale.

Quelle inertie et quelle incurie coupable ! car, en réalité, ces manquements graves à la pratique des droits et des devoirs de citoyens et de chrétiens amèneront fatalement la famille et la société au désordre et à la banqueroute, si nous ne réagissons pas violemment.

13° L'absence d'un programme net et pratique de vie sociale et morale, qui aurait dû déjà être élaboré depuis longtemps par des hommes d'action consciencieux, lesquels représentent en réalité la majorité des électeurs, et qui, à ce titre, doivent, en conscience, instruire, éclairer et diriger les masses, dans l'intérêt même de la patrie.

Notre cri d'alarme dans la tempête sera-t-il entendu ?

Nous pouvons l'espérer, car déjà quelques esprits plus clairvoyants se sont émus de cet état de choses si dangereux, et ont décidé de centraliser leur force et leur énergie !

En résumé, les doctrines perverses de la société moderne ont renversé tous les grands principes de jadis, d'équité, de justice et de morale ; de ce fait, la bête humaine n'ayant plus aucun guide s'est trouvée déchaînée avec tous ses appétits, pendant que des groupements révolutionnaires audacieux excitent les citoyens les uns contre les autres pour amener dans la société un bouleversement général, qui conduira rapidement cette dernière à un cataclysme économique et financier, si les hommes de bien ne s'opposent pas de suite, suivant le plan que nous indiquons plus loin, à l'extension de ce mouvement révolutionnaire et international, d'autant que de nombreux projets dangereux élaborés dans l'ombre par les adversaires s'abattront bientôt comme un cyclone sur la société pour la broyer et la détruire ; en effet, aujourd'hui, le désordre est partout, dans chaque foyer, dans chaque commune et dans chaque ville, et, à l'heure même où l'orage s'avance terrible, la haine continue à diviser les citoyens, malgré l'union sacrée, qui a servi trop souvent les intérêts d'une bande de sectaires ; mais, pendant ce temps, les honnêtes gens continuent à se lamenter, au lieu de réagir contre la minorité audacieuse, et de se grouper pour la protection et la défense de nos intérêts sociaux, moraux et religieux.

Comment ne pas comprendre que ce mouvement social est devenu universel, et sera demain un torrent capable de tout briser, si les hommes de bien n'en prennent pas sans tarder la direction effective ?

Les remèdes.

Nous sommes tous convaincus que la société moderne, telle qu'elle est en réalité, ne peut pas vivre;

en effet, elle porte en elle des germes de corruption et de mort, et comme ceux qui la dirigent actuellement ne croient à rien, ils l'ont logiquement, du reste, établie pour les besoins journaliers de la vie présente.

Or, comme la société doit au contraire se continuer de générations en générations, et que les lois qui la régissent doivent être promulguées pour le présent et pour l'avenir, il y a donc lieu d'apporter les remèdes suivants à l'état actuel :

1° Rétablir et respecter les lois fondamentales de toute société humaine, que nous avons indiquées ci-dessus ;

2° Chasser du parlement ceux qui ont eu l'audace de prendre en mains la direction de la chose publique, et qui l'ont compromise dans un but de satisfaction et d'intérêts personnels, et remplacer aussitôt ces mandataires néfastes, indignes, orgueilleux, qui représentent en réalité la minorité des électeurs par des hommes de haute valeur intellectuelle et morale, c'est-à-dire par des hommes de devoir et de conscience, pris plus particulièrement parmi les chefs de famille.

3° Rayer d'urgence de l'école, de la famille et de la société les doctrines coupables et les enseignements dangereux de ces sectaires, qui ont propagé partout les idées de haine et d'anarchie, afin de pêcher en eau trouble.

4° Supprimer toutes lois néfastes et impies, qui ont été votées dans une heure de folie et souvent par surprise, pour servir uniquement les passions et les intérêts de la minorité, et, par contre, faire voter, dès demain, des lois justes, honnêtes, morales et utiles à la chose publique, et au développement de la vie économique de la nation.

5° Modifier le suffrage universel tel qu'il est pratiqué de nos jours, en accordant plus de droits aux pères de famille, et à ceux qui ont le plus de charges ; car il est scandaleux que celui qui ne verse aucune contribution à l'Etat puisse avoir le même droit que celui qui paie beaucoup, alors qu'il n'a pas comme le second le même intérêt à exiger et à défendre l'ordre social, et qu'il peut par son vote, dans un but d'intérêt personnel, compromettre les intérêts généraux de la société.

6° Diminuer le nombre des parlementaires et augmenter leurs traitements, pour éviter tout prétexte à corruption !

Leur imposer un recrutement plus conforme aux intérêts mêmes de la patrie, en décidant que l'industrie, le commerce, l'agriculture, les carrières libérales, etc., seront représentés utilement dans une proportion à déterminer.

Faire défense à nos parlementaires de s'occuper d'affaires, de faire partie de conseils d'administration, d'exercer comme avocats ou comme juges pendant leur mandat et pendant les trois ans qui suivront, afin d'empêcher tous trafics de mandats et certaines pressions, ou certains abus scandaleux.

Supprimer certains privilèges que les démocrates socialistes, contrairement à leur doctrine, osent encore défendre, parce qu'ils leur donnent auprès des masses des avantages importants, et une auréole de moralité et d'honnêteté, alors que les scandales politiques et judiciaires viennent de nous prouver que la robe ne fait pas le moine et que la toge couvre parfois de bien tristes personnages, dangereux même pour la société.

Enfin, rendre effectivement responsables nos parlementaires, nos ministres et nos administrateurs, car il est honteux et illégal qu'en république et en pleine démocratie, les lois frappent les petits et les inférieurs, et que certaines personnalités qui émargent largement au budget, aient une situation privilégiée et soient hors la loi, alors qu'au contraire la justice et la morale exigeraient qu'ils soient en cas de faute punis plus sévèrement.

7° Revenir aux principes premiers, à ceux qui sont conformes au droit à la raison et à la morale, et enseigner à tous l'amour de la justice et de la charité, afin que les citoyens travaillent pour la patrie, en s'aimant les uns les autres, au lieu de se haïr et de se combattre.

8° Refaire l'éducation chrétienne à l'école, car c'est là où l'enfant peut apprendre à se développer moralement et intellectuellement, pour devenir un époux sérieux, un fils respectueux dans la famille, et, plus tard, un citoyen honnête, honorable et utile dans la société.

9° Protéger et moraliser à nouveau le mariage, pour obtenir la vraie famille française de jadis, et développer surtout l'œuvre de l'éducation familiale, afin que chacun des membres de la famille apprenne tout jeune à remplir avec conscience ses droits et ses devoirs et à se préparer ainsi à la vie sociale.

10° Faire ensuite complète l'éducation sociale du citoyen, afin d'avoir une société modèle, composée de bons citoyens instruits et consciencieux.

11° Grouper tous les hommes de bonne volonté et les forces vives et morales de la nation, sous une direction intelligente, saine et honnête, afin de protéger et de défendre la chose publique et de combattre utilement et sans faiblesse tous les éléments de discorde et de corruption, trop souvent cachés sous les noms de socialisme, de démocratie ou d'internationalisme.

12° Elaborer un programme pratique de vie sociale et d'enseignement économique, le répandre partout et le propager au moyen de conférences constantes et suivies et à l'aide d'émissions de vœux.

13° Eclairer les masses qui sont toujours ignorantes de la vérité, en allant franchement à elles pour leur montrer le danger d'écouter les mauvais bergers et de suivre les doctrines coupables de ces derniers, et puis leur apprendre ce qui est vrai, raisonnable et juste, et leur montrer où est leur véritable intérêt, car on ne peut pas aimer la vertu, ni pratiquer les vertus sociales, avant de les bien connaître.

14° Opposer aux forces groupées et dangereuses des adversaires des associations régulières et des syndicats légaux, et constituer avec son organisation complète une fédération générale des hommes de bien et des catholiques qui comprendrait :

A. Ceux qui possèdent, et ceux qui contribuent aux charges de l'Etat et qui ont bien le droit d'exiger l'ordre,

B. Les patrons et les ouvriers honnêtes, et tous les travailleurs consciencieux, à l'effet de combattre les doctrines perverses et les enseignements pernicieux des arrivistes et des meneurs de grèves, et les agissements coupables de tous ceux qui, bien que ne payant aucune contribution, réclament audacieusement et illégalement des droits pour troubler la paix publique.

Et nous verrons alors combien notre puissance sera grande et comme elle sera respectée de nos ennemis du jour où nous ferons acte d'autorité et de volonté, car les honnêtes gens sont le nombre et peuvent toujours s'imposer s'ils le veulent, quand ils sont organisés et dirigés.

15° Placer des hommes intelligents et dévoués et des hommes de loi à la tête du grand mouvement des réformes sociales, afin de mener à bien ces dernières dans l'intérêt public, et d'empêcher certains parlementaires marrons de tromper indignement le peuple, de fomenter criminellement des grèves et des troubles, et de servir ainsi leurs intérêts personnels et ceux de leurs partis.

16° Faciliter encore davantage à tout travailleur le moyen de posséder et d'avoir en toute propriété un lopin de terre ou un logement, afin que ce dernier puisse devenir tout au moins propriétaire d'un

« bien de famille » insaisissable pour lui et pour les siens, et qu'il soit ainsi pour l'ordre contre l'anarchie, et puis obliger chaque citoyen à se constituer une rente pour ses vieux jours, en développant les sociétés d'épargne.

17° Refaire le foyer, qui est la base même de la famille, et par cela même de la société, où le citoyen apprendra vraiment à aimer la patrie, à pratiquer les vertus domestiques et sociales, et à conserver intact le culte des ancêtres.

18° Favoriser les familles nombreuses, qui font la force et la fortune d'une nation, par des lois et des avantages honnêtes et justes, en dehors de toute idée politique et de tout trafic électoral.

19° Donner à chacun la liberté complète de tester et le droit de disposer de son bien, au lieu de restreindre ce droit et de vouloir capter les fortunes privées en faveur de l'Etat, ce qui est une folie coupable, une stupidité économique et un danger public.

20° Enseigner l'amour sacré de la patrie à la jeunesse et aux citoyens, et les graves dangers de l'internationalisme, afin de développer en leur cœur de grands élans de patriotisme.

21° Combattre violemment la routine dangereuse de certaines administrations privées ou publiques, qui tuent systématiquement toute initiative personnelle et tout progrès individuel.

Et lutter contre les prétentions ridicules et nuisibles de certaines écoles, qui se croient infaillibles, et qui, par esprit de corps, continuent à s'opposer à tout effort venant du dehors et à rejeter *de plano* toutes conceptions ou toutes inventions, qui ne sont pas sorties du cerveau de leurs élèves.

Ces fautes graves, il faut bien l'avouer avec humilité, ont été la cause réelle de notre infériorité notoire dans la solution pratique de certains problèmes industriels, commerciaux et économiques ; car, non seulement elles ont permis à l'étranger de bénéficier des idées conçues en France et d'en profiter pour nous concurrencer et nous combattre, mais elles ont surtout découragé tout effort particulier, en fermant la porte aux esprits désireux d'aller de l'avant.

En effet, avant la guerre, pendant qu'en Allemagne plus de 35.000 chimistes s'évertuaient à la recherche d'inventions nouvelles, parce qu'ils trouvaient partout le meilleur accueil dans les milieux industriels et commerciaux, en France, nos 4.000 chimistes n'avaient pas la même liberté de travail et ne pouvaient opérer que dans certaines usines et suivant certaines conditions. De la sorte, comme les nôtres rencontraient sur leur route toutes les difficultés et aucun encouragement, ils ont négligé nécessairement les études pratiques, et n'ont pu lutter contre la concurrence étrangère. Il y a donc aujourd'hui une réforme urgente et indispensable à apporter dans notre éducation industrielle, commerciale et économique.

Ainsi, c'est en remontant à la source même du mal, que nous trouverons les remèdes nécessaires à la guérison, et que nous ferons, par nos efforts personnels, œuvre de bons Français et de bons chrétiens, puisque nous défendrons utilement la patrie, la famille et la morale; surtout si nous nous rappelons que les méchants ne sont forts que par la faiblesse des masses indifférentes et par la veulerie des hommes de bien; en effet, il est honteux de penser que la direction générale des affaires publiques est trop souvent abandonnée par la majorité insouciante à une minorité très restreinte de citoyens, qui deviennent ainsi les maîtres de la situation et qui compromettent par une mauvaise administration et par de mauvaises lois les intérêts sacrés de la patrie et la fortune publique et privée.

Par conséquent, si nous ne voulons pas, dès aujourd'hui, combattre les doctrines socialistes et révolutionnaires du jour, et nous réformer nous-mêmes complètement, grâce à une organisation nouvelle, nous signons définitivement notre condamnation et celle de nos enfants, car notre état social est extrêmement malade, et ne peut continuer à exister ainsi, sous la domination d'utopistes ou de sectaires aux idées plus ou moins cosmopolites.

Droits et devoirs du citoyen.

Nous sommes certains que les questions sociales ne peuvent pas se résoudre entièrement par l'économie politique seule, puisque cette dernière n'a, au point de vue pratique, aucune action directe sur la conscience intime de l'individu pour lui imposer ses volontés.

Par conséquent, une œuvre sociale n'est vraiment utile et n'a de valeur réelle qu'à condition de s'appuyer sur de justes lois et sur les principes immuables de la morale et de la charité, autrement elle risque toujours de favoriser les doctrines fausses et intéressées d'arrivistes ou d'utopistes, ou d'obtenir des résultats très peu appréciables.

En effet, Léon XIII, qui a été le plus grand économiste de son temps et à qui nous devons le traité social le mieux conçu, le plus pratique et le plus documenté, nous affirme, avec son autorité, que du jour où l'on supprime la croyance à la vie éternelle, toute vertu et toute vraie notion de l'honnêteté disparaissent.

C'est une vérité indiscutable, car si la société est de création humaine, il n'y a ici-bas qu'injustice et inégalité, et la révolte des incroyants se comprend tout naturellement, puisque, pour ces derniers, tout finit avec la mort. Mais si, au contraire, la société a été créée par Dieu, comme nous l'affirmons, tout change et tout s'explique, et la soumission à la Providence s'impose comme un devoir et une nécessité réelle et consolante, puisque nous aurons la récompense promise pour nos bonnes actions, soit dans ce monde, soit dans l'autre.

C'est aussi dans la loi éternelle, nous dit le Souverain Pontife, qu'il faut rechercher les règles de la loi et de la liberté pour les individus, comme pour la société humaine ; et c'est à ces conditions que sont sauvegardés les droits des citoyens et ceux de la société, ainsi que ceux de tous les membres de la nation ; de telle sorte que tous participent à la vraie liberté, celle qui consiste à ce que chacun puisse vivre selon la loi et la droite raison.

Mais, si l'homme doit travailler pour gagner sa

vie, il a le droit d'user de sa liberté pour choisir le travail qui répond le mieux à ses goûts et qui sera pour lui le plus rémunérateur; de plus, son salaire doit correspondre à la somme de travail accompli, de telle sorte que le travailleur puisse se nourrir, nourrir les siens et mettre de côté une petite somme pour assurer ses vieux jours.

Puisque le salaire est la juste rémunération d'un juste travail, le patron doit donc donner à l'ouvrier ce qui lui est dû légalement et moralement, et non pas ce qu'il a pu lui arracher par la contrainte; de même l'ouvrier a l'obligation de conscience de fournir un travail parfait et consciencieux, en échange de la somme payée.

Par conséquent, exiger une somme de travail qui, en émoussant toutes les facultés de l'âme, épuise le corps et en consume les forces jusqu'à l'épuisement, c'est une conduite que ne peuvent tolérer ni la justice, ni l'humanité. L'activité de l'homme, bornée comme sa nature, a des limites qu'elle ne peut franchir; elle s'accroît sans doute par l'exercice et l'habitude, mais à la condition qu'on lui donne des relâches et des intervalles de repos. Aussi, le nombre d'heures d'une journée de travail ne doit-il pas excéder la mesure des forces des travailleurs, et les intervalles de repos doivent-ils être proportionnés à la nature du travail, à la santé de l'ouvrier, et réglés d'après les circonstances des lieux et des temps.

L'ouvrier qui arrache à la terre ce qu'elle a de plus caché, la pierre, le fer et l'airain, a un labeur, dont la brièveté devra compenser la peine et la gravité, ainsi que le dommage physique qui peut en être la conséquence.

Le salaire doit appartenir au travailleur ; par conséquent, ce dernier a un intérêt personnel à produire davantage, afin d'économiser le plus possible, en vue de sa vieillesse, et de parer à la maladie ou au chômage.

Or, ce que le travailleur a acquis doit être sacré, car la propriété de ce gain est, en vérité, la base nécessaire et absolue de toute société humaine.

S'il en était autrement, et si nous écoutions, dans une heure de folie coupable, les théories fausses et dangereuses de certaines sociétés modernes, l'homme n'aurait pas un droit indiscutable et inviolable sur la jouissance complète du produit de son travail, ce qui serait complètement immoral et contraire à tout principe économique, car le citoyen n'aurait plus aucun intérêt à travailler ni à économiser, pour lui, pour les siens et même pour la nation,

Ce serait la destruction rapide de l'épargne et la ruine immédiate du crédit national, puisque, en réalité, le crédit de la société étant représenté par l'épargne même des citoyens, l'Etat ne pourrait plus entreprendre de grands travaux publics, lesquels font vivre tant de travailleurs, et assurent la prospérité de la vie économique de la nation ; en effet, du jour où le crédit privé n'existera plus, l'Etat ne trouvera pas, lors d'un emprunt ou d'une émission, les capitaux considérables économisés par le travail, et nécessaires pour les grandes entreprises.

C'est pourquoi Léon XIII, dans sa haute sagesse, nous déclare qu'il ne peut y avoir de capitaux sans le travail, et de travail sans le capital, et il ajoute que le capital profite même à ceux qui ne possèdent pas de capitaux, car il sert à faire travailler celui qui a besoin de son salaire journalier pour vivre et qui, par suite, ne peut pas faire d'économies.

Nous arrivons ainsi, logiquement et moralement, à affirmer :

A. La légalité absolue du salaire ;

B. Et le droit inviolable à la propriété du capital et de l'héritage, comme une nécessité indispensable à l'organisation, à la vie et à la prospérité de la famille et de toute société humaine.

Léon XIII, continuant ses études sociales, nous affirme ensuite qu'une société ne peut même ni vivre, ni se développer, ni grandir, sans l'inégalité des classes, des conditions et des fortunes ; qu'en effet, s'il y a entre les diverses classes sociales une inégalité apparente de droits et de pouvoirs, ce qui peut au premier abord émouvoir tout esprit libéral, c'est au contraire juste et naturel, puisque cette inégalité correspond au risque de chacun dans l'entreprise commune.

Que cette inégalité même tourne au profit de tous, c'est-à-dire de la société, puisque la vie sociale requiert un organisme très varié et des fonctions très diverses ; or, ce qui porte précisément les hommes à se partager ces fonctions multiples, c'est justement la différence de leurs conditions respectives.

Que si les hommes avaient la même fortune, la même condition sociale et la même intelligence, il serait naturellement et matériellement impossible de trouver des travailleurs pour tous les travaux à faire, et de se faire servir ; il en résulterait aussitôt une gêne et une misère générale, qui nuiraient aux intérêts communs, et de plus une hausse si considérable dans les prix des matières premières ou des matières fabriquées, que la vie courante serait insupportable et, au bout d'un temps très court, impossible à vivre.

Mais à côté de cet état social nécessaire, qui peut avoir pour certains individus des conséquences douloureuses, Dieu, dans sa justice et dans sa bonté, a imposé à tous les hommes, sans aucune exception, le devoir rigoureux et de conscience de la pratique obligatoire et constante d'une vertu sublime, chargée d'aplanir ces inégalités apparentes, d'adoucir certaines misères inhérentes à la nature humaine, et d'atténuer quelques froissements blessants, en un mot, de réparer dans une certaine mesure les injustices humaines; cette vertu bienfaisante s'appelle : LA CHARITÉ CHRÉTIENNE.

C'est elle qui interviendra auprès du travailleur, pour lui dire que le travail anoblit l'homme, auprès du malade pour l'aider à supporter la souffrance, et auprès de l'affligé pour le consoler comme une fée aimable et bienfaisante.

Elle viendra ainsi auprès du pauvre ou de celui qui peine, non pas comme une aumône humaine, qui peut parfois vexer ou blesser, mais comme un don précieux de la Providence, qui guérit et apporte toujours la joie et l'espérance avec les douceurs de l'amour chrétien.

C'est donc la charité, bien comprise et religieusement pratiquée par tous, qui peut solutionner les questions sociales, qui doit rapprocher le capital du travail, et qui fera aimer entre eux ceux qui semblaient être éloignés à tout jamais les uns des autres par la destinée.

Il faut que les chrétiens soient bien convaincus de cette vérité, et que ceux qui sont riches comprennent l'obligation pour eux de pratiquer la charité dans le sens large du mot.

C'est aussi en vertu des principes de justice et de liberté, que l'Etat a le droit et le devoir de faire respecter la vie, la santé et l'honneur des individus, de veiller à ce qu'il n'y soit porté aucune atteinte et de prescrire des mesures de sécurité, au profit des faibles et des déshérités de la vie.

C'est du reste l'enseignement même de l'Eglise, qui fait à l'Etat un devoir rigoureux :

De respecter et de faire respecter le bien d'autrui;

De laisser à chacun la liberté d'agir, selon ses besoins et selon sa conscience, sans nuire, bien entendu, à l'intérêt général;

De ne pas empêcher l'homme de choisir son travail ;

De protéger les faibles et les malades, et d'assurer à tous les citoyens la liberté de conscience.

En effet, le Souverain Pontife expose ainsi sa doctrine : Ce qu'on demande d'abord aux gouvernants, c'est un concours d'ordre général, qui consiste dans l'économie tout entière des lois et des institutions ; nous voulons dire qu'ils doivent faire en sorte que, de l'organisation même et du gouvernement de la société, découle spontanément et sans efforts la prospérité tant publique que privée.

Ecoutons encore Léon XIII dans sa sollicitude pour les faibles :

« Ce que peut réaliser un homme valide et dans la « force de l'âge, il ne serait pas équitable de le de- « mander à une femme ou à un enfant. L'enfance « en particulier, et ceci demande à être observé « strictement, ne doit entrer à l'usine qu'après que « l'âge aura suffisamment développé en elle ses « forces physiques, intellectuelles et morales ; sinon, « comme une herbe encore tendre, elle sera flétrie « par un travail trop précoce et il en sera fait de « son éducation. De même, il est des travaux moins « adaptés à la femme, que la nature destine plutôt « aux usages domestiques ; ouvrages d'ailleurs qui « sauvegardent admirablement l'honneur de son

« sexe et répondent mieux de leur nature à ce que « demandent la bonne éducation des enfants et la « prospérité de la famille. En général, la durée du « repos doit se mesurer d'après la dépense des forces « qu'il doit restituer. Le droit au repos de chaque « jour, ainsi que la cessation du travail le jour du « Seigneur, doivent être la condition expresse ou « tacite de tout contrat passé entre patrons et ou- « vriers. Là où cette condition n'entrerait pas, le « contrat ne serait pas honnête, car nul ne peut « exiger ou promettre la violation des devoirs de « l'homme envers Dieu et envers lui-même. »

Désirant obtenir la paix sociale et le bonheur de tous, il nous enseigne :

« Que les obligations de justice pour le prolétaire « et l'ouvrier sont celles-ci :

« Fournir intégralement et fidèlement le travail qui « a été convenu librement et selon l'équité, ne point « léser les patrons ni dans leurs biens, ni dans leurs « personnes, dans la défense même de leurs propres « droits, s'abstenir des actes de violence et ne « jamais transformer leurs revendications en émeu- « tes. » (Encl. *Rerum novarum*.)

« Que les obligations de justice pour les capita- « listes et les patrons sont :

« Payer le juste salaire aux ouvriers, ne porter « aucune atteinte à leurs justes épargnes, ni par la « violence, ni par la fraude, ni par l'usure manifeste « ou dissimulée, leur donner la liberté d'accomplir « leurs devoirs religieux; ne pas les exposer à des « séductions corruptrices et à des dangers de scan- « dales ; ne pas les détourner de l'esprit de famille et « de l'amour de l'épargne ; ne pas leur imposer des « travaux disproportionnés avec leurs forces ou con- « venant mal à leur âge ou à leur sexe. » (Encl. *Rerum novarum.*)

« Que c'est une obligation de charité pour les « riches et ceux qui possèdent de secourir les pau- « vres et les indigents, selon les préceptes de l'Evan- « gile.

« Ce dernier précepte oblige si gravement, dit le « Souverain Pontife, qu'au jour du jugement der- « nier, il sera spécialement demandé compte de son « accomplissement, ainsi que l'a dit le Christ lui- « même. »

Ainsi, si nous analysions les encycliques de Léon XIII et de Pie X, qui devraient être affichées sur tous les murs de France, et dans lesquelles tous nos hommes politiques ont du reste copieusement pioché depuis trente ans, nous trouverions un plan très complet, très sûr et très pratique de conseils économiques et de direction sociale, car l'Eglise n'a jamais cessé de faire appel à tous, pour assurer, dans la justice et la charité, la paix et la prospérité de la famille et de la société, de même qu'elle demande toujours à l'Etat de justes lois bienfaisantes, et qu'elle réclame aujourd'hui la constitution de syndicats et d'associations pour le bien-être et le bonheur des corporations, d'autant qu'elle a toujours prêché l'union des classes, à l'encontre des socialistes, qui réclament au contraire la lutte constante, dans le but coupable de profiter des haines et des discordes.

Mais le citoyen ne peut exercer ses droits et ses devoirs, en toute liberté et en pleine conscience, que si l'Etat assure l'ordre à l'intérieur et à l'extérieur ; car toute société qui veut exister et se développer a un besoin absolu d'union et de concorde et doit combattre toutes haines et toutes luttes fratricides.

Or, aujourd'hui plus que jamais, il nous est nécessaire de trouver de l'apaisement dans un gouvernement sage, prévoyant et défenseur des libertés, pour que chaque Français puisse avoir le droit de penser et de vivre moralement et de compter sur la vraie justice, sans laquelle il n'est pas de nation honnête et heureuse.

Il faut donc que demain, après les cruelles souffrances de la guerre, la France soit possible et agréable à habiter, pour tous, et que, suivant la touchante pensée de Pie X, elle soit si belle, si généreuse et si chrétienne, qu'elle s'élève au-dessus des partis pour devenir toute la France dans la beauté sublime de son glorieux passé et dans l'espérance pleine de promesse de son avenir, afin de reprendre sa place de nation privilégiée.

Or, pour pouvoir vivre à nouveau cette belle vie nationale, nous devons nous appliquer sans tarder à refaire l'éducation du peuple, et par conséquent du citoyen ; à ce sujet, il est utile de se rappeler les sages conseils de Montesquieu sur les devoirs qui incombent tout particulièrement aux citoyens de la République, afin de ne pas tomber dans les fautes graves où conduisent nécessairement les folles et coupables théories de nos démocrates.

Dans ces conditions, il est nécessaire de répéter et d'expliquer à nouveau au citoyen qu'il a en mains, comme électeur, un bulletin de vote qui lui impose des droits et des devoirs, et de lui dire ce qu'il est, ce qu'il va faire avec ce bulletin, à quoi il s'engage et aussi à quoi il engage les autres.

Il faut qu'il comprenne bien qu'il détient, avec ce

bulletin de vote, une partie de la souveraineté nationale, qu'il a par conséquent l'obligation de conscience d'élire des mandataires sérieux, chargés de la délicate et difficile mission de mener à bien le char de l'Etat et qu'il est responsable devant Dieu et devant la nation de la valeur intellectuelle et morale des hommes à qui il remettra le soin de diriger les intérêts publics.

Il faut lui apprendre que le député ne doit pas être l'élu d'un parti, ni d'une fraction de quelques citoyens, mais le mandataire général et consciencieux de la nation tout entière, et que, par suite, il est indispensable de le choisir avec un soin très scrupuleux et sans aucune faiblesse, non pas parmi les besogneux ou les intrigants, qui acceptent toutes les combinaisons possibles, mais parmi les hommes de devoir et de moralité, ayant une intelligence pratique et avisée, et une compétence réelle ; que par conséquent tout citoyen, qui est complaisant même par faiblesse ou par indifférence, commet une action coupable et une faute très grave envers la patrie, puisqu'il abuse d'un droit qui lui a été donné pour remplir scrupuleusement son devoir ; qu'il trompe ainsi indignement la confiance publique, et qu'il fausse, par cela même, la consultation populaire.

Il faut enfin que le citoyen sache protester avec véhémence auprès de ceux qui détiennent le pouvoir, contre certains abus et complaisances indignes, qui aboutissent toujours à des compromissions graves ou à des injustices coupables, et dont les effets sont nuisibles aux intérêts de la patrie et, par suite, aux intérêts de chacun.

Par conséquent, le premier devoir du citoyen est :

A. De bien comprendre et d'exercer avec conscience ses droits et ses devoirs sociaux.

B. De voter pour des hommes honnêtes et consciencieux, ayant une haute valeur morale et intellectuelle, et non pas pour des mandataires intéressés d'un parti politique, qui obéissent toujours scandaleusement et aveuglément aux ordres de leurs groupes, et pour le profit seul de ces derniers, ce qui est un crime et une infamie.

C. D'exiger du gouvernement la sécurité, l'ordre et la paix, pour faire régner l'union et la concorde dans l'intérêt de la famille et de la société.

D. De réclamer des lois justes, utiles et bienfaisantes pour le développement de la vie économique et pour assurer à tous le travail et la prospérité.

E. De veiller à ce que les mandataires maintiennent et développent le crédit dans toutes les branches du commerce et de l'industrie, par des réglementations sérieuses et raisonnées, afin de mettre en valeur les produits nationaux et de donner constamment du travail aux travailleurs.

F. D'imposer au gouvernement l'obligation de créer et de favoriser partout des associations, des syndicats et des coopératives, suivant un plan mûrement conçu, dans un but seulement d'utilité publique et d'après des lois sagement étudiées, car les associations et les syndicats sont une force réelle et productrice pour la nation, à la condition toutefois de ne pas être une arme de combat et de lutte pour les partis et un instrument de haine entre le capital et le travail, c'est-à-dire qu'il faut chasser de tous ces groupements la politique, qui corrompt toujours là où elle passe et ne sert généralement qu'aux arrivistes sans conscience et aux politiciens sans scrupule, véritable plaie sociale, qui a failli nous coûter la liberté.

Du reste, dès que ces groupements légaux auront tous les droits dont ils ont besoin, quand le patron et l'ouvrier se connaîtront mieux, et comprendront la nécessité et la beauté de leur union, quand les uns et les autres auront saisi l'utilité et la grandeur de leurs obligations réciproques, ils seront alors les premiers à chasser loin d'eux, avec un profond dégoût, tous ces politiciens douteux, qui apportent toujours avec eux des éléments de discorde, de haine et de corruption, et qui sont en réalité une cause de ruine pour les affaires privées et publiques.

En effet, l'association bien comprise et bien dirigée doit donner à ses membres un appui pratique et nécessaire, de même que le syndicat doit être le conseiller aimable et le protecteur ferme et conciliant des travailleurs, et non pas, comme le veulent certains partis politiques, un centre d'intrigues constantes et un ferment de haine et de révolte, si nuisibles aux ouvriers honnêtes et aux travailleurs sérieux.

Et si nous agissons ainsi avec sagesse, nous verrons, bientôt, suivant la pensée de Léon XIII, se développer tout naturellement, comme l'ont déjà fait certaines industries catholiques, la participation des travailleurs aux bénéfices dans les affaires industrielles, commerciales et financières, ce qui est, en fait, de toute justice, et ce qui sera aussi une cause de prospérité nationale; car les grèves n'auront plus de raison d'être, du jour où la paix régnera à l'atelier et à l'usine, et que tous les conflits pourront être réglés à l'aimable par des commissions arbitrales, composées de patrons et d'ouvriers, ayant tous deux une idée très nette de leurs droits et de leurs devoirs, et une conception très vraie de la justice, de la liberté et de la morale.

Notre devoir est donc d'éclairer au plus vite le peuple et le travailleur, de leur rappeler leurs devoirs et de leur enseigner leurs droits, afin qu'ils connaissent la vérité, et qu'ils ne se laissent plus corrompre par ces vils exploiteurs, et par les folles théories du socialisme mondial.

Pour terminer cette question importante des droits et des devoirs sociaux, il est utile de rappeler à nouveau combien est illégale et injuste la répartition des impôts telle qu'elle est faite aujourd'hui, et surtout combien est dangereux l'esprit actuel des lois fiscales nouvelles, qui s'attachent à imposer, sans prudence et sans sagesse, une catégorie très minime de citoyens, pour favoriser, au détriment du droit, de la justice et de la morale, ceux-là mêmes qui ne paient aucun impôt, et qui ne supportent aucune charge, alors qu'ils gagnent souvent très largement leur vie et ont toutes les faveurs de l'Etat.

Il est cependant un principe de droit moral indiscutable qu'on ne devrait jamais oublier, c'est que tout droit est la conséquence nécessaire et directe d'un devoir.

Or, aujourd'hui, ceux qui se réclament du suffrage universel n'ont qu'une seule pensée :

— Flatter constamment et sans pudeur les masses populaires pour se les mieux attacher aux heures d'élections, en leur faisant accorder par des lois d'exception beaucoup d'avantages et de privilèges, au détriment même de toute légalité et de toute justice, ce qui est un véritable danger pour le présent et pour l'avenir, et ce qui compromet surtout les intérêts nationaux, car toutes lois néfastes amènent nécessairement la discorde et la haine entre les citoyens, au lieu de favoriser l'union entre le capital et le travail.

— Décharger l'ensemble du peuple des impôts que tous les citoyens doivent, en conscience, acquitter, ce qui développe forcément dans la classe ouvrière des idées d'égoïsme dangereux et d'individualisme coupable.

— Et conserver cependant à ces citoyens privilégiés un droit égal à celui de ceux qui paient des contributions, ce qui est immoral, car, comme nous l'avons déjà dit, celui qui n'a aucune charge ne doit pas pouvoir, par son bulletin de vote, imposer à la minorité des charges de plus en plus importantes, d'autant qu'il arrivera une heure grave, où ce petit nombre de contribuables sera écrasé par l'impôt, et que les finances de l'Etat seront gravement compromises; alors qu'une contribution générale, imposée à tous les citoyens sans exception, assurerait à la patrie un revenu très important, sans nuire aux intérêts particuliers.

A ce moment critique, que feront nos gouvernants pour enrayer le mal, d'autant plus grand qu'il aura fait naître des jalousies et des haines, et pour faire face aux dépenses toujours grandissantes de l'Etat; et puis comment obliger plus tard le peuple à payer la quote-part qu'il aurait dû acquitter, en réalité, depuis toujours?

Devant ces faits graves, il est nécessaire que des voix autorisées s'élèvent avec indignation pour protester contre cette inégalité dans les charges, et pour réclamer le retour aux justes lois et la répartition normale et équitable des impôts entre tous les citoyens, chacun, bien entendu, devant payer suivant ses moyens réels et ses gains effectifs.

Mais pour cela, il faut, comme nous l'avons expliqué plus haut, que les catholiques et les hommes de bien comprennent qu'il est de leurs intérêts et de leur devoir de s'unir et de centraliser leurs forces, sous une direction éclairée, pour réclamer contre cet état de choses, grâce à des conférences constantes, et pour obtenir enfin la réforme de toutes les lois néfastes qui ont été faites pour favoriser les intérêts électoraux de certains parlementaires, et qui ont été votées par une minorité infime, puisque, grâce à notre Constitution, il arrive que deux députés, représentant 8.000 électeurs, ont la majorité sur un député qui représente 35.000 électeurs !

Nécessité des vertus sociales dans les régimes politiques et spécialement en république.

Il est intéressant de nos jours de nous demander s'il y a, en réalité, des vertus et des qualités nécessaires à certains régimes politiques.

Nous pouvons déclarer que chaque gouvernement a en effet ses vertus et ses qualités indispensables.

Le régime monarchique exige de la part de celui qui détient l'autorité des qualités particulières et des vertus réelles pour la direction générale des affaires publiques, et il suffit, dans une certaine mesure, que cette autorité soit juste, intelligente et sage, pour donner au pays qu'elle gouverne une impulsion de justice, de droiture et de prospérité.

En effet, dans le gouvernement monarchique, l'éducation du citoyen est très spéciale ; on lui enseigne tout particulièrement la pratique de l'honneur, qui a son code et ses règles, et qui doit le diriger bien souvent plus que la loi elle-même.

Sous ce régime, le citoyen est parfois vertueux pour mériter les faveurs du prince.

Sous le régime despostique, c'est la crainte qui peut remplacer la vertu, et comme celui qui détient l'autorité a pleins pouvoirs, il suffit qu'il soit plus ou moins vertueux et qu'il ait un réel désir de la justice et une idée très nette de la liberté, pour que le pays qu'il gouverne ait une impulsion vers le bien et que tout marche selon la loi et la justice.

Mais il en est tout différemment en République, où toutes les vertus chrétiennes doivent être pratiquées par tous dans l'intérêt de la chose commune.

En effet, la République est un régime, nous dit Bossuet, où personne n'est sujet que de la loi, et où la loi est plûs puissante que tous les hommes.

Par conséquent, son principe est la vertu, ce qui veut dire que, sans vertu, la République ne peut vivre ni durer.

La République ne peut donc exister et se développer que :

1° Si les citoyens pratiquent la vertu civique, l'amour de la patrie et le respect des lois ;

2° S'ils aiment l'égalité ;

3° S'ils aiment la pauvreté ;

4° S'ils suivent les lois de la frugalité.

— Sous ce régime, les citoyens sont, par la forme même du gouvernement, des électeurs et, par suite, des législateurs.

Ce sont donc les citoyens eux-mêmes qui doivent commander et obéir ; ce sont eux qui font les lois, lesquelles devront leur être appliquées sans faiblesse ; en conséquence, il faut qu'ils aient une vertu toute spéciale, pour s'oublier eux-mêmes dans l'intérêt général.

Dans la République, aucun citoyen ne peut être et ne doit être au-dessus des lois.

— Mais cette vertu civique est la conséquence nécessaire de l'amour de l'égalité qui consiste, non pas à chercher à s'élever au-dessus les uns des autres, mais à avoir l'ambition légitime de rendre à son pays le plus grand nombre de services.

C'est en vérité une émulation constante entre les citoyens en faveur de la grandeur et de la prospérité de la patrie, qui doit passer avant tout intérêt privé.

De plus, en République, le citoyen doit aimer la

pauvreté pour rester un homme libre, c'est-à-dire qu'il ne doit pas chercher le luxe et les jouissances trop dispendieuses, afin de ne pas connaître la corruption, « car il n'y a rien de plus libre que l'homme « qui sait vivre de peu », a dit Bossuet.

Enfin le citoyen doit aimer surtout la pauvreté laborieuse, qui est pour lui un trésor inépuisable, car elle lui donne le moyen de rester vertueux et d'être libre, puisqu'elle lui permet de se suffire à lui-même.

En effet, ce n'est pas celui qui ne possède pas qui est pauvre, mais celui qui ne travaille pas, d'autant que la richesse oisive conduit fatalement à la pauvreté véritable, pendant que la pauvreté laborieuse mène à l'aisance et à la fortune.

Du reste, c'est la pratique de cette belle vertu, qui fit la grandeur de la République romaine ; car, tant que les gouvernants et les généraux connurent à Rome la pauvreté, Rome fut la ville la plus florissante du monde entier, mais du jour où la République voulut s'adonner au luxe et à la licence, elle connut fatalement la décadence et la corruption.

— Mais il ne suffit pas d'être vertueux et d'aimer l'égalité et la pauvreté, il faut encore aimer la frugalité ; c'est cette vertu sublime qui oblige le citoyen à réduire au minimum ses dépenses personnelles, ses besoins, ses plaisirs et son luxe, pour lui permettre, en dépensant le minimum pour lui, de donner le maximum pour la patrie, pour la beauté des monuments ou des fêtes publiques, de façon à mettre la patrie au premier rang des cités du monde et à satisfaire ainsi largement à tous les sacrifices d'argent qu'elle réclame de lui.

Telle doit être la vraie République.

Mais hélas ! nous sommes loin de cet idéal !

Il s'ensuit nécessairement que l'éducation sociale et morale a une importance capitale dans une république démocratique, puisque ce régime ne peut vivre sans la vertu civique et les qualités qui l'accompagnent, c'est-à-dire sans le sacrifice permanent de l'individu à l'Etat.

Ainsi, tandis que la crainte sert aux gouvernements despotiques et que l'honneur est en faveur dans les monarchies, l'amour seul de la patrie et le respect des lois peuvent maintenir la République, qui a un besoin réel d'une éducation morale, patriotique et vertueuse. Nous devons en conclure que la démocratie sera perdue et que la République tombera rapidement et fatalement dans l'anarchie, dans le crime et dans la corruption, du jour où elle oubliera de pratiquer la vertu et les vertus sociales.

Hélas ! la Russie nous donne aujourd'hui la preuve terrifiante et scandaleuse de ce que peut devenir un peuple travaillé par des idées sociales et révolutionnaires, et livré à ses basses passions !

Quel cruel enseignement pour les peuples de l'Europe, qui croient encore follement à la morale civique pour faire régner ici-bas l'âge d'or et donner le bonheur au monde ! Utopie criminelle !

Doctrine et thèse des adversaires.

Pour nous rendre compte de la valeur réelle de notre doctrine, il nous faut étudier la théorie des adversaires ; or, nous constaterons tout d'abord que leur socialisme est extrêmement dangereux parce qu'il conduit logiquement à la destruction complète de la famille et de la société ; qu'il enseigne, comme vérité nécessaire, la haine des classes et la lutte violente du travail contre le capital, et qu'il développe à l'excès l'individualisme et l'émancipation à outrance.

Ainsi, d'après eux, l'homme est né du hasard et retourne au néant ; il faut donc refaire une société plus égale par des lois spéciales modernisées, lesquelles déclareront de toute nécessité l'égalité des individus et le partage des fortunes, afin de permettre à chaque citoyen de jouir, ici-bas, et d'une façon constante, d'un maximum de bonheur, puisque tout est fini après la mort.

Suivant leur doctrine, l'autorité est une oppression dangereuse et blessante pour le travailleur et un abus de pouvoir envers le citoyen.

Il faut donc obtenir au plus vite des lois, qui rétabliront partout l'égalité absolue et feront tous les hommes libres de leurs actes et de leur volonté, afin de combattre l'autorité supérieure, qui est inutile et dangereuse.

Les adversaires s'insurgent donc contre cette inégalité de condition, de fortune et de vie, qui est pour eux une insulte grave faite à la dignité du citoyen et un malheur public, alors que, comme nous l'avons constaté, elle est, au contraire, une nécessité d'ordre matériel, d'ordre social et d'ordre économique et un bienfait de la Providence.

Cette thèse coupable des socialistes est contraire à la vérité et favorise les mauvais instincts de l'individu au détriment de la masse.

Cependant, en principe, ces hommes sont logiques avec eux-mêmes ; puisque la société, à leur avis, doit disparaître avec chacun d'eux, il est donc rationnel que chacun use, et même abuse en maître, et sans pudeur, de la société pendant sa vie, puisque, après la mort, tout sera terminé pour lui.

Mais, il ressort très nettement de leur thèse l'impossibilité matérielle et morale de constituer une société viable, conformément à une idée de justice, d'autorité et de solidarité, puisque, d'après eux, les hommes sont tous égaux en droits, tous libres par nature et qu'aucun ne peut commander aux autres, et qu'enfin chacun a le droit absolu de vivre sa vie, en vue de ses intérêts particuliers et immédiats.

Et cependant, Jean-Jacques Rousseau lui-même, qui dans une heure d'aberration avait conçu l'idée folle d'un contrat social, a bien été obligé d'avouer que la doctrine des matérialistes conduit fatalement la société à l'anarchie la plus complète.

De même, Léon XIII affirme avec autorité que de telles doctrines nuisent à la liberté vraie et digne de l'homme et sont, par suite, la destruction complète de la société.

Du reste, la doctrine des matérialistes et les utopies de Jean-Jacques Rousseau nous ont conduits à des mouvements d'agitation violents, à des associations illégales et à ces clubs révolutionnaires qui ont imposé leur autorité brutale et illicite au peuple terrifié par une dictature sanguinaire, pendant qu'au nom de la liberté et de la fraternité ils faisaient massacrer des innocents.

De même, la Russie nous prouve que toute doctrine républicaine mal comprise conduit nécessairement aux théories socialistes et révolutionnaires, pour aboutir ensuite aux enseignements anarchistes, qui sont la destruction même de l'ordre, du droit et de tout progrès social et économique, et qui favorisent tous les excès.

C'est pourquoi Léon XIII rappelle que, dans les temps d'anarchie sociale et intellectuelle, où chacun se pose en dictateur et en législateur, on ne bâtira pas la cité autrement que Dieu l'a bâtie !

Or, les adversaires osent encore enseigner que l'homme qui travaille est un esclave, parce que le travail est, disent-ils, un avilissement ; que le travailleur a donc le droit et le devoir de combattre le patron qui est son ennemi, par tous les moyens et surtout par les grèves.

C'est la guerre sans pitié au capital et la haine sans merci entre les classes de la société, sans s'occuper des conséquences funestes et des ruines, qui résulteront de cette lutte scandaleuse.

Avec de telles théories, comment la société peut-elle vivre et se développer ?

Toujours, d'après eux, la collectivité a le droit de s'approprier le bien d'autrui, en faveur des masses, ce qui est tout d'abord un vol, et qui amènera logiquement la ruine de la propriété et la suppression de l'héritage ; c'est l'anarchie sociale et économique qui conduira l'Etat à supprimer toutes les libertés et à confisquer tous les biens, ce qui enrayera par suite tout effort et toute initiative; c'est naturellement l'arrêt de la civilisation et de tout progrès possible. C'est la ruine économique.

Enfin, les adversaires ont propagé partout la création des syndicats, non pas dans l'intérêt du syndiqué, ce qui eût été parfait, mais dans l'espoir de faire du travailleur l'esclave de son groupe, lequel s'arroge tous les pouvoirs d'un dictateur; c'est donc la désorganisation de la société, l'arrêt complet de la liberté du travailleur et des droits du citoyen, et c'est, de plus, un obstacle à l'épargne nationale, indispensable cependant à la vie de tout peuple qui veut se développer.

Malheureusement, encore une fois, toutes leurs folies criminelles sont logiques avec leurs principes, car, du moment que les socialistes ont audacieusement sapé les lois inébranlables de la société, et semé partout la désunion et la jalousie entre les citoyens, sous le prétexte ridicule et coupable d'imposer aux peuples la solidarité humaine et la fraternité internationale, ils devaient nécessairement battre aussi en brèche tout principe dans la famille, et railler le mariage qui, à leurs yeux, est une simple association d'intérêts, de même que l'enfant est une simple conséquence naturelle de l'union libre.

Par conséquent, pour eux, l'autorité même du père de famille est arbitraire; par suite, il n'y a aucun devoir moral entre les membres de la famille que ceux résultant d'un simple contrat d'affaires, et imposé par les usages ou par les lois.

Pour combattre ces doctrines coupables, Léon XIII nous affirme que « l'égalité des hommes consiste en « ce que tous ayant la même nature, tous sont appe- « lés à la même dignité de fils de Dieu, et, en même « temps, qu'une seule et même foi étant proposée à « tous, chacun doit être jugé selon la même loi, « et obtenir les peines ou la récompense selon son « mérite ».

« Que cependant il y a une égalité de droits et de « pouvoirs qui émane de l'Auteur même de la nature. »

« Que le premier principe à mettre en avant est que l'homme doit prendre en patience sa condition; il est impossible que, dans la société civile, tout le monde soit élevé au même niveau; sans doute, c'est là ce que poursuivent les socialistes, mais, contre la nature, tous les efforts sont vains. C'est elle, en effet, qui a disposé parmi les hommes des différences aussi multiples que profondes : différences d'intelligence, de talent, d'habileté, de santé, de force; différences nécessaires, d'où naît spontanément l'inégalité des conditions. »

« Cette inégalité, d'ailleurs, tourne au profit de tous, de la société comme des individus, car la vie sociale requiert un organisme très varié et des fonctions fort diverses. Et ce qui porte précisément les hommes à se partager ces fonctions, c'est surtout la différence de leurs conditions respectives; pour ce qui regarde le travail en particulier, l'homme, dans l'état même d'innocence, n'était pas destiné à vivre dans l'oisiveté; mais ce que sa volonté eût embrassé librement, comme un exercice agréable, la nécessité y a ajouté, après le péché, le sentiment de la douleur et l'a imposé comme une expiation : « La terre sera « maudite à cause de toi. » « C'est par le travail que « tu en tireras ta subsistance de tous les jours. »

L'erreur capitale de la question présente, c'est de croire que les deux classes sont ennemies nées l'une de l'autre, comme si la nature avait armé les riches et les pauvres, pour qu'ils se combattent mutuellement dans un duel obstiné.

C'est là une aberration telle, qu'il faut placer la vérité dans une doctrine contrairement opposée, car, de même que dans le corps humain les membres, malgré leur diversité, s'adaptent merveilleusement l'un à l'autre, de façon à former un tout exactement proportionné et qu'on pourrait appeler symétrique, ainsi, dans la société, les deux classes sont destinées par la nature à s'unir harmonieusement et à se tenir mutuellement dans un parfait équilibre ; elles ont un impérieux besoin l'une de l'autre ; car il ne peut y avoir de capital sans travail, ni de travail sans capital. La concorde engendre l'ordre et la beauté ; au contraire, d'un conflit perpétuel, il ne peut résulter que la confusion des luttes sauvages.

Or, pour supprimer ce conflit et couper le mal dans sa racine, les institutions chrétiennes possèdent des vertus admirables et multiples ; en effet, nous savons que l'union des classes fait la force de la nation, et que chacun a son rôle à jouer ici-bas dans la famille et dans la société.

Nous constatons ainsi, avec une satisfaction bien légitime, combien l'Eglise porte d'intérêt à la défense des droits du pauvre et du travailleur, et avec quelle sollicitude elle s'occupe d'eux pour leur assurer le salaire nécessaire à la vie matérielle, tandis qu'elle édicte des peines sévères contre ceux qui détiennent la fortune et qui ne contribuent pas, comme ils le doivent, et selon la volonté divine, au bien-être et au bonheur du malheureux et même du travailleur.

Il est intéressant aussi de connaître la théorie des économistes concernant le salaire.

Le salaire est, d'après eux, la conséquence de l'offre et de la demande; c'est donc la loi de l'offre et de la demande qui règle le quantum du salaire.

Or, cette doctrine est dangereuse pour le travailleur, puisqu'elle le soumet à des fluctuations constantes, qui peuvent faire varier du simple au double le prix du travail effectué.

En effet, le salaire sera d'autant plus élevé pour le travailleur que les travailleurs seront en petite quantité, par rapport aux travaux à effectuer; par suite, le salaire sera diminué d'autant qu'il y aura beaucoup d'ouvriers pour le même travail.

Par contre, les socialistes envisagent le salaire sous un autre point de vue :

Pour eux, le patron est un exploitateur, l'ouvrier un exploité.

En conséquence, l'ouvrier a le droit, pour obtenir

une augmentation quelconque, d'user de tous les moyens qu'il a entre les mains, pour forcer le patron, même sans aucune raison, à lui donner davantage, sans s'occuper des conséquences graves qui peuvent en résulter pour l'avenir.

Comme l'ouvrier est un esclave, il a donc le droit et le devoir d'obtenir la liberté rêvée par le chômage, la grève et même le sabotage.

Ainsi, suivant les théories des socialistes, c'est la haine et la lutte qui doivent donner le bonheur et la prospérité aux travailleurs.

Nous avons vu que toute différente était la théorie de l'Eglise.

L'Eglise soutient, en effet, avec la raison et la morale, que tout travailleur a droit à un juste salaire.

En conséquence, conformément à la doctrine pontificale, le travailleur doit recevoir un travail suffisant et rémunérateur, qui assurera, non seulement sa vie matérielle, mais encore celle de sa famille.

L'Eglise va même plus loin : elle soutient que le patron doit donner à l'ouvrier un salaire correspondant au travail fait et non pas à celui qui aurait pu être fixé entre lui et le travailleur, si le travailleur a été obligé, par contrainte ou par nécessité, d'obtenir un salaire minimum.

Le Souverain Pontife déclare, avec sagesse, que le salaire minimum doit être fixé selon la capacité moyenne des travailleurs, et doit être établi par des commissions mixtes, professionnelles et régionales, afin que le montant du salaire soit en correspondance avec les dépenses que l'ouvrier aura à supporter dans l'endroit où il se trouvera et là où il travaillera.

Cette thèse de l'Eglise, qui assure ainsi le bien-être du citoyen, est basée sur la raison, sur la justice et sur la bonté, en un mot, sur les principes mêmes de la charité chrétienne, et grâce à l'union du travail et du capital, tandis que la doctrine des adversaires préconise au contraire la force brutale et la haine, et conduit nécessairement à la ruine et au désordre.

Par conséquent, les adversaires, en prêchant ainsi la guerre acharnée au capital et le droit abusif de grève brutale, nuisent très gravement à l'industrie et aux affaires commerciales, et nous conduisent à une égalité critique dans la pauvreté et dans la misère, en rabaissant considérablement le niveau social et moral des masses, alors qu'il faudrait au contraire protéger les capitaux pour favoriser le bien-être général et développer par cela même la fortune publique et privée.

Ce qu'ils désirent en réalité, c'est le nivellement des

classes sociales par le bas, et c'est la porte ouverte à toutes les turpitudes, à tous les marchandages et à toutes les corruptions ; or, c'est la destruction de toute liberté vraie et honnête, c'est la bataille dangereuse entre les citoyens et c'est la faillite économique obligatoire, faute de direction sérieuse et d'union sincère, à l'heure où il faudrait surtout redoubler d'efforts pour le combat de demain, et la reprise des affaires.

Mais tout cela leur importe peu, si grâce à ces manœuvres ils assurent leur élection, car après eux le déluge !

Nous avons donc le droit et le devoir de réagir contre les mœurs de quelques-uns de nos politiciens modernes, et d'éclairer le peuple naïf et confiant sur l'audace criminelle de certains de ces parlementaires, qui semblent oublier que le Palais-Bourbon et le Sénat ne sont pas des lieux privés où on peut impunément traiter des opérations douteuses sous le couvert de l'impunité parlementaire, comme des instructions judiciaires ouvertes récemment nous l'ont révélé.

Il faut leur rappeler que le mandat de député est un honneur pour celui qui le reçoit, et que ce dernier doit s'en montrer digne ; qu'il est donc indispensable de ne le confier qu'à des hommes de devoir, afin qu'il ne puisse pas servir à des combinaisons malhonnêtes capables de compromettre la vie économique du pays.

Enfin, ne craignons pas de démontrer aujourd'hui au peuple que, depuis trente ans :

Beaucoup de ses mandataires ont fait une politique de surenchère électorale, au détriment des intérêts sacrés de la Patrie ;

Qu'ils ont ainsi gravement compromis notre vie économique et ont nui au développement de notre industrie et de notre commerce, avant et pendant la guerre, en ne s'occupant pas utilement des affaires publiques ;

Qu'ils ont par suite trahi les intérêts de la patrie en négligeant depuis quinze ans la mise en exploitation de nos bassins miniers et de nos mines de charbonnage, ainsi que celle de notre houille blanche, alors que par contre ils encourageaient les emprunts étrangers chez nous, et déterminaient, par leurs projets coupables, l'exode des fonds français à l'étranger ;

Que ces fautes graves nous ont coûté plus de vingt-cinq milliards, qui ont été dépensés en l'achat de charbons à l'étranger et en matières fabriquées, alors que nous aurions trouvé ces choses chez nous.

Il est nécessaire de rappeler encore que nous avons laissé sans les exploiter plus de neuf millions de houille blanche et beaucoup de nos charbonnages en France ; que cette mauvaise politique nous a coûté des dépenses considérables et des pertes importantes de change, ainsi que la vie de beaucoup de nos chers soldats, car elle a reculé de plus de deux ans l'heure de la victoire.

Il faut donc que ces vérités soient connues des électeurs pour qu'ils comprennent leurs devoirs devant les dangers actuels.

Le mouvement révolutionnaire, ses dangers, ses utopies, ses tendances à la corruption et à l'anarchie.

Il est douloureusement instructif, à l'heure où le mouvement révolutionnaire devient un attentat criminel contre la Russie elle-même et une trahison infâme contre l'entente, de constater les doctrines extrêmement coupables et les actes sanguinaires des comités populaires et révolutionnaires russes, qui se laissent conduire par quelques sectaires haineux et corrompus, et par une poignée d'êtres vils, capables de tout, et qui, simples agents salariés de l'Allemagne, vendent lâchement leur patrie pour satisfaire leurs idées de vengeance et leurs méprisables passions, et qui ne reculent davant aucun acte de terrorisme pour garder le pouvoir dans le but inavouable d'intérêts personnels.

Hélas ! tout mouvement révolutionnaire est d'autant plus grave que le peuple obéit toujours sans raisonner à ceux qui le flattent et qui l'impressionnent violemment, d'autant qu'il ignore où il va aux heures de la tourmente et où cette dernière le mènera. Et c'est ainsi qu'il suit quand même et aveuglément le révolutionnaire audacieux, qui deviendra toujours dans la suite un dictateur brutal et sanguinaire.

Quelle incohérence coupable ! car en réalité le peuple représente le nombre, et cependant il se courbe servilement devant quelques tyrans démocrates, qui le terrorisent au nom de la liberté et de la fraternité, et qui, au nom de la justice, se mettent eux-mêmes hors la loi, pour commettre des actes criminels.

Comme il est juste de dire que les hommes en troupeau sont des êtres bêtes, féroces et cruels !

Ainsi toute révolution a pour principe :

de renverser d'abord ce qui existe,

de construire ensuite autre chose avec des éléments nouveaux.

Or, pour obtenir ce résultat, il faut commencer par faire un acte de brutalité extrême, qui a nécessairement des conséquences graves, plus ou moins sanguinaires et destructives, puisque ce plan réclame pour réussir :

une volonté de fer,

une autorité absolue,

un programme très net, dans le but de reconstruire de suite ; autrement c'est le champ libre aux basses passions humaines, c'est le cataclysme final, c'est le gâchis honteux dans toute son horreur et ses infamies.

Ainsi le peuple russe, pour se libérer de l'autorité d'un empereur faible, s'est courbé sous la dictature criminelle d'un Lénine, assassin brutal et corrompu, qui a vendu la Russie à l'Allemagne, et ruiné le pays pour cent ans.

Voilà bien la prétendue sagesse de ce peuple qui veut être souverain, et qui se proclame orgueilleusement infaillible à l'heure où il devient le jouet d'un criminel.

Aussi, honte et mépris encore et toujours à ces multiples comités révolutionnaires russes composés en partie d'ignorants, d'orgueilleux et d'escarpes sans foi ni loi, que l'argent boche a odieusement corrompus et qui n'ont qu'une seule pensée et qu'une même idée, se venger, jouir et s'enrichir aux dépens d'autrui en trahissant cyniquement la patrie devant l'ennemi, et en reniant tous leurs devoirs sacrés envers les alliés, à l'égard desquels ils avaient cependant une dette éternelle de reconnaissance et des engagements formels.

Ainsi, 180 millions de Russes ont lâchement capitulé devant quelques centaines de scélérats et de bandits, et ont accepté, sans révolte, l'esclavage boche.

Quel crime mondial commis au nom de ce socialisme révolutionnaire international, qui se glorifie de faire du terrorisme à outrance!

Voilà le travail de la révolution russe.

Quelle leçon salutaire pour l'humanité et pour la France!

Décidément, Montesquieu avait raison : tout gouvernement, quel qu'il soit, doit avoir une tête honnête qui pense, et une volonté saine qui agit ; par conséquent, la République ne peut vivre qu'à la condition d'avoir des gouvernants et des citoyens qui pratiquent tous, sans exception, la vertu et les vertus sociales et chrétiennes.

Autrement, c'est la dilapidation de la chose publique, c'est la honteuse corruption, c'est la camaraderie complaisante, qui favorise tous les scandales ; c'est l'anarchie coupable à tous les échelons de la vie sociale, pour aboutir à des troubles sanguinaires et révolutionnaires.

Or, s'il en est ainsi entre les citoyens d'une même nation, avec quelle sévérité il faut aujourd'hui juger les utopies coupables de ceux qui prétendent encore faire un groupement international de toutes les démocraties mondiales, et demander à ces derniers de mener les hommes et les nations sur le chemin du progrès et du bonheur, comme si les nations pouvaient valoir mieux que les hommes qui les composent, et si les lois humaines, basées sur l'intérêt personnel, pouvaient diriger et conduire au bien les sociétés formées de familles et de citoyens sans morale et sans conscience.

L'expérience criminelle de la Russie nous suffit !

L'évolution révolutionnaire actuelle est d'autant plus audacieuse et dangereuse, qu'elle tend à se transformer de plus en plus en franc-maçonnerie internationale, dont nous connaissons, hélas ! par expérience, les effets désastreux en Russie, et le mal qu'elle a fait aux mœurs politiques et aux idées patriotiques dans toutes les nations civilisées, car en vérité l'Internationale n'a qu'un but : flatter constamment les masses, en développant chez ces dernières leurs bas instincts, et se les attacher ainsi, afin d'en tirer le plus d'avantages et de profits personnels possible, sans regarder aux conséquences et aux effets de la propagation coupable de leurs doctrines dangereuses et mensongères, car pour les pontifes de cette école, il n'y a ni morale ni conscience ; il n'y a ni patrie ni intérêt général : tout se résume à leur bien-être personnel. Encore une fois Lénine est le type parfait de ces monstres modernes ; c'est tout dire.

Il y a donc là un danger qu'il faut combattre sans faiblesse, afin d'éviter un cataclysme universel, qui serait certain si la Providence n'intervenait pas à temps pour sauver le monde malgré lui, et rappeler à tous les lois de la logique et de la raison, de la vertu et de la morale.

Il serait donc temps que les honnêtes gens se réveillent de leur léthargie, et exigent le renvoi de ces humanitaires coupables qui corrompent ainsi l'univers entier, de concert avec les socialistes boches qui seront des impérialistes enragés, doublés de pangermanistes féroces, tant qu'ils croiront en la force brutale du Kaiser ; mais malheur à Guillaume II, du jour où les armées allemandes seront vaincues, car l'Allemagne disparaîtra sous la tourmente révolutionnaire.

La société modèle.

Nous avons vu tout à l'heure, dans l'exemple que nous avons donné de la société, l'état de dégradation de l'immeuble moderne et le degré de décomposition de la société actuelle, et nous avons constaté qu'en vérité, les doctrines du jour ne permettaient pas à la société de se constituer, de vivre et de se développer normalement et moralement.

Nous allons donc maintenant visiter avec soin l'immeuble, qui doit représenter la société modèle.

Tout autre est aussitôt l'impression que nous ressentons à l'examen de l'extérieur de cet immeuble.

La façade, tout d'abord, est en bon état d'entretien et de propreté, et, si elle a dû subir les rigueurs du temps, nous ne constatons aucune trace de lézardement général.

La toiture est entière, et ne permet aucune infiltration ; cela prouve que les gérants s'en occupent et qu'ils ont confié à des mains compétentes et sérieuses le soin de réparer et d'entretenir l'immeuble, dont ils ont accepté la direction et la surveillance ; qu'en un mot, ces agents sont honnêtes et intelligents et qu'ils accomplissent scrupuleusement leur devoir.

Si nous entrons à l'intérieur, nous trouvons tout en ordre ; tout le monde est à son poste, les escaliers sont bien tenus, et les règlements clairs et précis, respectés et acceptés de tous, défendent conjointement les droits des locataires et les intérêts de la chose commune.

Enfin tous les locataires vivent entre eux en bonne intelligence, et sont même tous heureux et contents d'habiter l'immeuble.

Si ensuite nous visitons les caves, nous sommes satisfaits de voir que les piliers sur lesquels repose l'immeuble sont très bien entretenus, et sont l'objet d'une surveillance constante et toute particulière.

Nous avons ainsi la preuve absolue et certaine que nous nous trouvons devant des hommes consciencieux et des hommes de devoir, qui savent commander et se faire obéir, et auxquels on doit des lois justes, morales et bienfaisantes ; il ne pouvait pas en être autrement dans cet immeuble, puisque, d'un côté, les locataires sont des époux moraux, des parents respectables et respectés, et des citoyens honnêtes, qui, ayant une idée parfaite de leurs droits et de leurs devoirs, obéissent aux règlements qui sont sages et intelligents, et que, de l'autre, les gérants, soucieux de leur responsabilité mutuelle et morale, imposent avec intelligence leur autorité, tout en travaillant au développement de la chose publique.

Nous verrons, plus loin, quelles sont les qualités nécessaires à une société modèle.

Nécessité de l'éducation sociale et de l'éducation industrielle et commerciale.

L'éducation sociale du citoyen s'impose d'elle-même, à la suite de ce que nous avons été appelés à constater et à énoncer, surtout devant les théories fausses et trompeuses du socialisme international et des doctrines des révolutionnaires anarchistes, que nous devons d'autant plus combattre, que le peuple est enclin à accepter comme des vérités tout ce qui peut le flatter et satisfaire ses appétits.

Il est donc de toute nécessité de lui ouvrir les yeux, de lui parler le vrai langage de la raison et de la morale, de lui rappeler ses droits et ses devoirs de famille, de citoyen et de chrétien, et de lui montrer le danger de certaines doctrines socialistes, qui, si elles peuvent être, à première vue, captivantes, sont cependant funestes et inapplicables en pratique, et qui, par suite, détruisent l'idée de patrie et nuisent au crédit public. Ce travail incombe tout particulièrement aux hommes de bien et aux hommes d'œuvres qui représentent, en réalité, l'ordre et la morale et qui doivent comprendre aujourd'hui la nécessité absolue de se mettre à la tête du grand mouvement social, d'aller directement au peuple, d'entreprendre eux-mêmes l'éducation sociale du citoyen et du travailleur, et de rappeler aussi aux classes riches leurs devoirs rigoureux, car c'est, à l'heure actuelle, une obligation de conscience pour un patriote et un chrétien que de travailler au règlement amiable des questions sociales et économiques.

En effet, il est nécessaire que tout le monde, et en particulier le travailleur, comprenne la gravité des problèmes sociaux et fiscaux, et la difficulté presque insurmontable de la vie courante et économique, et que chacun apporte en toutes choses un esprit de justice et de conciliation, dans ses rapports avec le prochain; autrement, c'est la ruine à brève échéance pour la patrie, et le désordre dangereux dans la société.

Mais, pour cela, il faut que le peuple se sente constamment soutenu par des hommes de bien, qui combattront, le cas échéant, pour lui et sauront le protéger par tous les moyens possibles, grâce aux lois existantes ou même par les lois nouvelles qu'ils sauront faire voter.

Mais, il ne nous suffit pas de refaire l'éducation sociale en France, il faut aussi dès aujourd'hui donner une éducation industrielle, commerciale et économique aux citoyens pour leur permettre de lutter avec avantage et de se défendre, car au lendemain de la guerre, nous allons nous trouver en face de problèmes très difficiles à résoudre, aux prises avec des concurrences certaines et importantes, et en contact direct avec des peuples qui vont aller de l'avant et qui, eux, ont la notion très nette des affaires.

Or, la France n'est pas suffisamment armée pour ce combat nouveau, car l'instruction professionnelle, même donnée dans nos grandes écoles gouvernementales à nos ingénieurs, à nos commerçants, à nos industriels,... est par trop théorique et donne souvent à nos jeunes gens brevetés et diplômés l'illusion d'une science certaine, alors qu'en réalité ils auraient grand besoin de compléter et d'approfondir pratiquement leurs études hâtives et forcément superficielles.

En effet, quand ils sont appelés à remplir des fonctions supérieures très importantes, ils se heurtent parfois à de graves questions juridiques, qu'il ignorent, et qui sont cependant indispensables à connaître pour un directeur général ou un chef de grande entreprise.

Pour remédier à ce mal national, dont nous avons déjà tant souffert à l'étranger, il faut :

Condamner sévèrement la routine déplorable, prétentieuse et coupable de notre bureaucratie, qui a trop souvent nui aux intérêts de la patrie, même pendant la guerre, et dont il faudra lui demander compte.

Moderniser l'esprit de nos grandes écoles, en remplaçant par des mois d'application pratique certains mois consacrés à la théorie.

Combattre cet esprit de parti pris, qui existe parmi les élèves de certaines écoles contre tout ce qui n'est pas sorti de chez eux, ce qui a tant découragé nos inventeurs qui se sont, par suite, adressés à l'étranger car la vraie science et la vérité appartiennent à tout le monde, et ne sont pas la propriété exclusive d'une minorité.

Instituer des écoles pratiques d'enseignement industriel, commercial, financier et juridique, avec délivrance d'un diplôme après un stage pratique.

Créer des cours d'enseignement de vie économique internationale, pour nous tenir au courant des progrès de l'étranger.

Ouvrir les portes toutes grandes aux inventions françaises, et ne pas brimer scandaleusement les inventeurs qui ne sortent pas des grandes écoles, car, en réalité, la belle invention n'est pas toujours due à la science, mais résulte souvent, soit du hasard, soit d'une observation pratique.

Mettre enfin à la tête de nos Chambres de commerce des hommes vraiment intelligents et pratiques, ayant un programme bien arrêté, et non des politiciens ou des industriels ambitieux, qui recherchent les honneurs, et grouper ainsi toutes les Chambres de commerce de France en un Comité permanent de direction, de protection, de défense et de prévoyance, afin d'obtenir de ce Comité central des émissions de vœux constants sur toutes les questions commerciales, industrielles, fiscales et économiques, lesquels devront servir à la conception de lois utiles et pratiques, en vue du développement de notre vie économique.

En résumé, si nous voulons réellement réparer les fautes et les oublis que nous avons commis jusqu'à ce jour, il faut de plus exiger immédiatement des pouvoirs publics :

1° La réforme complète de notre Constitution, qui est incohérente dans son ensemble, puisque l'irresponsabilité, l'incompétence et l'illégalité sont à sa base, et que le citoyen n'a aucun droit personnel garanti, ni aucun recours contre les fautes commises par les mandataires officiels.

2° La réforme parlementaire, car le suffrage universel, tel qu'il est pratiqué chez nous, ne répond pas à la volonté populaire, puisqu'il accorde à des minorités un droit dû seulement à la majorité.

3° La réforme administrative, dont les rouages sont des plus défectueux, et qui ont gravement compromis les intérêts de notre vie sociale et de notre vie économique, avant et pendant la guerre.

4° La revision de nos codes qui, non seulement ne répondent plus aux besoins de la vie économique, mais qui entravent tout développement et toute prospérité dans le domaine commercial, industriel, agricole et financier.

5° L'obligation de l'enseignement technique pratique, et la création de nombreuses écoles professionnelles, scientifiques et industrielles, ainsi que des écoles d'apprentissage et des écoles techniques supérieures, afin de nous permettre d'exploiter avec succès et rapidité nos richesses nationales, et de pouvoir lutter, avec avantage, sur les marchés mondiaux et sur nos propres marchés contre la concurrence étrangère.

6° Le vote rapide de lois sages, intelligentes et pratiques d'économie sociale et politique pour favoriser tout spécialement la grande industrie privée et nationale, qui est le succès même de la fortune de la nation, puisqu'elle occupe de nombreux travailleurs, leur assure un travail stable et des salaires rémunérateurs, et qu'elle leur permet de mieux vivre avec leur famille, surtout si les pouvoirs publics savent développer, dans les classes laborieuses, l'idée des groupements professionnels, des syndicats et des associations, et inspirer aux travailleurs le goût de l'épargne et de l'économie, grâce à la création de caisses de retraites et de coopératives, suivant les sages conseils d'économie politique et sociale de Léon XIII.

7° Des avantages importants aux paysans pour faciliter le retour à la terre, et à la reprise de la petite et de la grande culture, dans l'intérêt de la richesse nationale.

Mais, avant toutes choses :

Modernisons notre matériel industriel ;

Perfectionnons-le constamment, suivant les inventions en cours;

Spécialisons nos usines et nos industries ;

Divisons le travail dans chaque usine.

En un mot, organisons pratiquement nos ateliers d'après le système Taylor, qui permet d'obtenir le maximum de rendement avec le minimum de dépenses des forces physiques des travailleurs, afin de faire vite, de faire mieux et de faire bon marché, dans l'intérêt du patron, de l'ouvrier et de l'acheteur.

Perfectionnons aussi, sans cesse, notre outillage, afin de remplacer la main-d'œuvre, qui fera défaut demain, par un système mécanique.

Et puis faisons bien connaître à nos ouvriers les idées sociales et pratiques des grandes unions d'ouvriers en Amérique ; car, en réalité, chez ces derniers, il n'y a aucune haine contre le patron et contre le capital, contrairement aux doctrines de nos socialistes français, parce que les Américains comprennent que l'argent est nécessaire pour faire des affaires, et que les affaires prospères font gagner l'ouvrier; c'est pourquoi, du reste, l'ouvrier américain travaille beaucoup, afin de beaucoup gagner, et qu'il cherche à perfectionner son outil pour lui faire rendre davantage, parce qu'il travaille aux pièces.

Enfin, exigeons des fonctionnaires de l'Etat et de nos politiciens des connaissances techniques plus complètes, afin qu'ils puissent remplir avec conscience et avec fruit les postes qui leur sont confiés.

Préparons dès maintenant, avec plus de soin et d'intelligence pratique, l'exploitation et le développement de nos ressources nationales, non seulement dans l'intérêt de notre commerce intérieur, mais dans celui même de nos exportations.

Faisons l'application de la science à toutes les branches de la vie économique, industrielle, commerciale et agricole.

Obligeons, dès demain, les grandes banques de crédit à servir les intérêts et les besoins de notre commerce et de notre industrie, au lieu de se faire les pourvoyeurs de l'étranger, et à installer à cet effet des succursales, qui seront des banques locales utiles aux besoins régionaux, et non pas des officines pour le placement de valeurs cosmopolites.

Mais cette révolution dans nos mœurs ne pourra s'opérer qu'à la condition de changer de suite notre mentalité, d'enseigner à tous des idées nouvelles, et de combattre dans les milieux riches ce dédain coupable pour l'étude des questions sociales et économiques. En effet, que d'hommes cependant intelligents refusent de faire un effort matériel, moral ou pécuniaire en vue de la collectivité, tant l'esprit de routine et d'égoïsme est ancré dans certaines classes de la société, qui critiquent toujours, sans raison, et ne veulent pas se mettre à la hauteur des événements.

Tant pis pour ces indifférents, car le torrent qui passe emporte tout sur sa route quand il n'est pas endigué à temps; or, pour l'instant, le mouvement socialiste est nettement révolutionnaire et, par conséquent, dangereux, d'autant que d'après Lénine tout révolutionnaire doit être un terroriste à outrance.

Obligation pour les œuvres d'aider à la rééducation sociale.

La rééducation sociale réclame les soins de tous ceux qui veulent travailler au développement de la vie nationale.

Les hommes de bien doivent donc aujourd'hui élargir leur cercle d'action et aller personnellement au peuple pour apprendre à le mieux connaître, et aussi pour se faire comprendre de lui, s'ils veulent réellement faire le bien et faire du bien autour d'eux.

Qu'ils ne craignent surtout pas d'être les apôtres de la vérité et de la vertu devant ces masses, avides de lumière; qu'ils leur enseignent les doctrines saines et touchantes de la vie familiale et sociale; qu'ils prêchent d'exemple et qu'ils leur prouvent les effets bienfaisants de la vie morale et de la charité chrétienne, intelligemment mise en pratique.

Qu'ils viennent simplement causer souvent avec les travailleurs, avec l'ouvrier, avec les pauvres et les déshérités de la vie, et qu'ils combattent ouvertement et courageusement devant eux les enseignements perfides des adversaires.

Ils donneront ainsi des preuves vivantes de leur

intelligence, de leurs connaissances économiques pour la solution pratique des problèmes sociaux et de leur amour sincère pour le bien qu'ils veulent à la cause ouvrière.

En agissant ainsi, ils attireront à eux des travailleurs, qui apprendront à les connaître, à les aimer, qui leur donneront leur confiance et leur seront ensuite reconnaissants de ce qu'ils feront pour eux.

C'est ainsi que les œuvres aideront utilement et moralement à la rééducation sociale, et contribueront au règne bienfaisant et nécessaire de l'Union sacrée entre toutes les classes de la société, à l'heure où la France aura plus que jamais besoin de l'entente et de la bonne volonté de tous ses enfants pour guérir ses plaies saignantes et refaire sa vie de demain.

Et ce sera le meilleur moyen de combattre les utopies dangereuses de l'Internationalisme et les doctrines socialistes et révolutionnaires.

Faut-il nous rappeler encore que s'abstenir de faire pratiquement le bien dans tous les milieux sociaux quand on a en mains la fortune, l'intelligence et les moyens d'agir, c'est faire une injure à Dieu, c'est commettre une faute très grave envers la société et envers le prochain, et c'est même nuire à ses propres intérêts.

En effet, quand Dieu nous déclare qu'il y aura toujours des pauvres et des malheureux sur la terre, il nous ordonne en même temps d'une façon impérieuse de tout faire pour qu'il n'y en ait plus.

Par conséquent secourir la détresse, supprimer la misère, aider ceux qui veulent travailler, et tendre la main en temps utile à ceux qui souffrent, et surtout faire le nécessaire pour leur éviter tous soucis et toute douleur inutiles, ce n'est pas seulement faire œuvre de chrétien, c'est remplir un devoir social, que la Providence nous impose à tous en conscience, à l'effet de rétablir dans une certaine mesure la justice sur cette terre, autrement il serait scandaleux et immoral que certains possèdent, quand d'autres peinent douloureusement.

C'est donc seulement en agissant suivant l'esprit de charité, que nous faciliterons, comme nous l'avons déjà dit, le règlement des graves et difficiles problèmes de la vie économique et sociale.

Mais n'oublions jamais que le geste de la charité doit être fait avec délicatesse pour ne pas froisser ou blesser et, à l'heure voulue, afin d'empêcher si possible une heure de désespérance et d'angoisse.

Nécessité des œuvres chrétiennes pour faciliter le règlement des questions sociales.

Les œuvres, on semble trop souvent l'oublier, sont, en réalité, des remèdes pour la guérison des maladies sociales ou des maladies morales. Par conséquent, elles doivent être mises à la disposition de ceux qui souffrent, de ceux qui veulent soulager les douleurs humaines, ou qui cherchent la solution pratique des graves problèmes sociaux.

Or, la vie matérielle devient actuellement un problème qui se complique chaque jour davantage et auquel il faut, dès maintenant, songer très sérieusement, pour éviter une catastrophe.

Il est donc de notre devoir de donner tout d'abord aux œuvres un perfectionnement plus pratique et un développement plus grand, grâce à un système nouveau, de leur faire mieux comprendre leur rôle nécessaire et bienfaisant, pour résoudre sans à-coups et au mieux des intérêts de tous ces graves questions si compliquées de la vie économique actuelle et de la reprise des opérations commerciales, industrielles et financières de demain.

En effet, nous nous trouvons maintenant devant des problèmes inconnus jusqu'alors, qui demandent à être discutés avec soin et avec un esprit très chrétien, car, après la guerre, il faudra bien régler sur des bases nouvelles les contrats de louage, au moment même où des idées d'émancipation extrême vont chercher à s'imposer, du fait même du bouleversement de la vie sociale, alors que les besoins plus grands et plus pressants de chacun se feront sentir davantage, tandis que les appétits populaires se réveillent déjà.

Il faut, cependant, dès aujourd'hui, éviter le conflit qui pourrait naître de cet état de choses, et qui sera exploité par des meneurs, puisqu'il y aura, d'un côté, des exigences plus grandes, et parfois même exagérées, et de l'autre, des ruines très profondes et très vraies et des impossibilités matérielles absolues.

Qui pourra alors faire entendre aux uns la voix de la saine raison, du devoir et de la vraie justice, et faire comprendre aux autres la nécessité absolue de la charité chrétienne ?

Qui pourra utilement parler à tous de dévouement, de sacrifice et d'abnégation, au nom même de la patrie, si ce n'est les œuvres animées de l'esprit chrétien ?

Mais pour que les œuvres puissent avoir cette autorité et cette influence nécessaires sur les masses, il faut qu'elles soient connues, non seulement des gens d'œuvres et de tous ceux qu'elles soulagent, mais aussi, et tout particulièrement, du peuple qui les ignore, bien qu'il en profite, afin qu'il puisse discerner le vrai du faux.

Il est donc de toute urgence que les œuvres, qui ont tout fait avant la guerre et qui se sont centuplées depuis les hostilités, — car elles sont extrêmement nombreuses à Paris et en France — se fassent avantageusement connaître, et qu'elles s'imposent par leur doctrine bienfaisante, puisqu'elles se sont créées dans le but sublime de faire le bien et d'être utiles à tous.

En conséquence, il est aujourd'hui de leur devoir de faire front, de centraliser et de grouper leurs forces sous un même toit, de se prêter ainsi aide et assistance les unes aux autres et de ne pas craindre de sortir courageusement et simplement leurs drapeaux.

C'est ainsi qu'elles donneront aux citoyens la preuve de la nécessité de l'union et de la concorde et leur enseigneront, entre autres choses, que l'entente est indispensable et fait la force d'un peuple, du jour où ce dernier est animé de l'esprit de sacrifice et de justice.

C'est une vérité qu'il faut redire sans cesse, car si l'économie politique peut faire beaucoup pour la solution des problèmes sociaux, en s'inspirant des lois utiles et bienfaisantes, elle ne pourra jamais régler à elle seule, d'une façon parfaite, toutes les questions actuelles, surtout devant l'étendue des misères modernes et des ruines mondiales.

C'est alors qu'il sera nécessaire, en fin de compte, comme aux heures tragiques et angoissantes, de recourir, pour apaiser les uns, pour consoler les autres et pour rappeler à tous leurs devoirs, à l'esprit chrétien, qui, comme nous l'avons déjà dit, peut seul nous obliger tous à faire beaucoup et encore davantage pour les déshérités de la vie, car sa puissance est plus impérieuse que la loi civile.

Par conséquent, devant l'état actuel des choses et en face des difficultés nouvelles et plus douloureuses de chaque jour, les œuvres n'ont plus le droit de rester cachées et ignorées ; elles doivent oublier même leur convenance personnelle, pour se montrer et prendre place, avec fierté, dans la grande bataille qui s'engage, afin d'être toujours au premier rang, pour secourir et guérir les plaies sociales et morales et pour prêcher par l'exemple l'union et la concorde des citoyens et l'amour de la charité entre toutes les classes de la société.

Dans ces conditions, les œuvres unies, groupées et centralisées, en se faisant ainsi connaître, s'imposeront nécessairement à l'admiration de tous, et acquerront alors une autorité et une force qui aideront pour beaucoup au règlement final des questions sociales.

Mais, encore une fois, pour atteindre ce but, il faut :

A. Une organisation complète, qui donnera d'abord par une centralisation et ensuite par un groupement l'impression réelle et effective d'une force puissante extérieure et intérieure.

B. Un programme d'études et un plan de protection, de défense et de prévoyance.

C. Une direction active et une volonté très ferme, capables d'agir utilement et énergiquement, grâce à des émissions de vœux et à des conférences constantes.

Il nous est très agréable aujourd'hui de rappeler ici les sages conseils du cardinal Bourne, archevêque de Westminster, qui confirme nos déclarations personnelles :

« Après la guerre, de nouvelles conditions sociales

« seront nécessaires; il faut donc, dit-il, que les catho-
« liques se préparent par des études sociales à prendre
« une part active à ce grand mouvement, dans l'inté-
« rêt de la société, et pour la gloire de Dieu. »

Nécessité de rétablir la liberté des fondations sociales et charitables.

Cette nécessité s'impose, aujourd'hui plus qu'hier encore :

1° Dans l'intérêt de l'Etat ;

2° Dans l'intérêt du contribuable ;

3° Dans l'intérêt de la justice, de la morale et de la conscience ;

4° Pour la glorification de tous les héros français et alliés morts pour la défense du droit et de la civilisation.

Il serait cependant temps qu'enfin la justice triomphe, si on veut éviter des journées troublantes, vers lesquelles nous entraînent les utopies téméraires des socialistes et la propagande criminelle des politiciens révolutionnaires, qui vivent sans aucun souci du lendemain, en quête seulement de popularité, en vue des élections prochaines.

Il faut, aujourd'hui, devant les charges écrasantes

de l'Etat, dues en grande partie à une politique néfaste d'arrivistes, que les citoyens honnêtes et prévoyants se réveillent de leur engourdissement coupable, car il est vraiment scandaleux que, par la volonté d'une minorité infime d'athées et de sectaires, la grande majorité des Français accepte d'être mise à l'index et d'être ainsi privée des avantages du droit commun, parce que ces derniers pratiquent la vie religieuse et aiment la vertu.

Nous devons dorénavant exiger que tout citoyen ait, dans notre beau pays de France, le droit absolu de créer une fondation charitable, pieuse ou économique, d'autant que cette liberté servira les intérêts de la chose commune et du contribuable, et sera conforme à la justice et à la morale.

En effet, la charité individuelle, en multipliant les œuvres et les fondations, est seule capable :

1° De décharger l'Etat, surtout actuellement et plus spécialement demain, des frais importants qui lui incombent et qui lui incomberont du fait de la guerre, ainsi que de l'entretien de nombreux services publics, qui coûtent toujours extrêmement cher à nos finances publiques.

2° De diminuer la charge du contribuable, qui va succomber sous le poids de nouveaux impôts, car la fondation est toujours profitable à la collectivité et servira même aux adversaires qui la combattent, puisque la charité privée, en faisant le bien et en s'occupant soit des pauvres, soit d'une école, soit d'une œuvre quelconque, déchargera d'autant les impôts personnels de chaque citoyen.

3° D'assurer dans l'intérêt de la société et du citoyen, conformément à la morale et à la raison, la création et la permanence d'œuvres sociales, morales et religieuses pour les vivants, en créant des orphelinats, des maisons de vieillards, des hôpitaux, des écoles, des institutions, des instituts, des églises, en s'occupant utilement du budget des cultes, ainsi que des fondations pieuses, telles que les messes, les prières, etc..., pour les morts, en exécution des volontés de ces derniers.

En vérité, il suffit d'ouvrir l'histoire de France pour s'assurer que ce sont les fondations privées, pieuses et charitables qui, depuis plus de quatorze siècles, ont fait la grandeur de la patrie, et ont contribué à son développement et à sa prospérité.

Ce sont les fondations, qui ont doté largement la France tout entière de nombreux hôpitaux pour les malades, d'hospices pour les déshérités de la vie et les vieillards; qui ont fait construire dans chaque contrée et dans chaque ville des collèges, des universités, et dans chaque commune des écoles, suivant un programme de liberté encore inconnu de nos jours; qui ont assuré l'instruction et l'éducation du peuple sous le contrôle des pères de famille, et qui ont fourni des sommes considérables pour payer les maîtres et pour payer les élèves, pendant que ces mêmes fondations encourageaient et propagaient le goût de l'art ancien et développaient l'amour du beau chez tous les artistes, chez les peintres, chez les sculpteurs et chez les architectes, auxquels nous devons, du reste, grâce à ces inspirations religieuses, les grands monuments du moyen âge et nos plus belles cathédrales.

Ainsi, dans l'ancienne France, dont nous devons être si fiers, les fondations avaient, d'après un ouvrage connu, assuré au clergé de ces services publics des biens qui s'élevaient à une somme considérable pour l'époque, et cette somme garantissait l'entretien d'environ 100.000 prêtres, religieux et religieuses, le service du culte, les frais de l'instruction et ceux de l'assistance publique.

Or, ce capital n'avait rien coûté à l'Etat et le citoyen n'avait rien versé; seules, quelques nobles et belles âmes chrétiennes avaient cru devoir se dépouiller volontairement de leur fortune personnelle pour assurer le bonheur des autres, et faire de grandes œuvres dans l'intérêt de la France et de ses fils et pour la grande gloire du Dieu de justice et de bonté.

Aussi, quand dans une heure d'aberration, le gouvernement confisqua toutes ces fondations, il commit une faute très grave, car il greva, de ce fait, le budget de l'Etat ; et ce fut alors le contribuable naïf et ignorant qui paya, de ses revenus personnels, les fantaisies de ses gouvernants, car ces derniers durent aussitôt décréter des impôts importants pour faire face aux nouvelles charges annuelles de la nation ; or, nous savons, hélas ! par expérience que, du jour où l'Etat veut se substituer aux particuliers et faire du communisme pratique, il arrive nécessairement à conduire les finances à la faillite et les affaires à l'anarchie.

C'est pourquoi, aujourd'hui que nous subissons encore la tyrannie trop coûteuse de sectaires haineux, la liberté des fondations n'existe plus en France, ce qui est, en vérité, une infamie, une illégalité révoltante, en ce temps de liberté, et un acte préjudiciable à l'intérêt public, car cette défense arbitraire et illégale en soi décourage toutes les bonnes volontés de ceux qui pourraient ou désireraient employer librement leur fortune soit à soulager les misères sociales et morales, soit à assurer la vie et l'entretien d'une œuvre économique utile aux travailleurs, soit même à la création d'une œuvre sociale ou patriotique, dans l'intérêt de la France.

Ainsi, grâce aux lois actuelles, toute initiative privée est actuellement contrariée chez nous, ce qui a nui et va nuire encore davantage à la chose commune, d'autant que certains pays étrangers, plus avisés et plus libéraux, ouvrent déjà leurs portes aux bonnes œuvres, qui viendront nécessairement créer chez eux des fondations religieuses, littéraires, sociales et charitables.

Par conséquent, nous devons donc aujourd'hui réclamer avec insistance et exiger avec énergie des pouvoirs publics, que toute fondation puisse librement se créer, vivre et s'administrer, en obéissant, bien entendu, aux règles du droit commun ; c'est là un droit incontestable, qui repose sur la justice, la morale et la raison et qui nous est dû ; c'est de plus le seul et unique moyen pratique pour la France, surtout au lendemain de cette guerre terrible, de pouvoir résoudre, pratiquement et pour une partie, le grand problème de la vie économique et sociale, de répondre aux besoins si nombreux de tous, et de retrouver matériellement et sans heurts des ressources certaines et des richesses inconnues, dans l'intérêt de la France, et pour le soulagement des misères de demain.

Il nous faut dire et répéter ces vérités au peuple français, pour qu'il comprenne bien de quel côté sont ses véritables amis et ses défenseurs, et qu'il impose à ses mandataires cet acte de justice et de raison, dont les conséquences heureuses seront très importantes et serviront entre autres au rapprochement du capital et du travail.

4° Et puis, nous devons aux héros de France et des nations alliées un souvenir éternel d'admiration et de reconnaissance pour nous avoir sauvés de la barbarie et de l'esclavage teuton.

Il faut donc que tout le long de la « voie sacrée », c'est-à-dire de celle où sont tombés et reposent ceux qui sont morts glorieusement pour la patrie, s'élèvent, au milieu de la verdure et des fleurs, des monuments discrets et pieux, afin que les parents et les amis puissent y venir prier avec recueillement et que les générations suivantes, ainsi que tous les enfants de France et des nations alliées, s'y acheminent constamment en de touchants pèlerinages et en une longue croisade d'hommage et d'enthousiasme pour ces preux valeureux, et de protestation contre la sauvagerie barbare.

C'est un droit que personne n'osera nous disputer, celui d'avoir des sépultures inviolables pour pouvoir honorer librement nos chers morts, et venir les pleurer à l'ombre de quelques beaux arbres, au milieu des fleurs, ou en une chapelle ardente, de même que nous voulons avoir le droit de faire dire pour leurs âmes, grâce à des fondations et à des donations, des prières et des messes perpétuelles dans les petites églises qui s'élèveront le long de la voie sacrée, et qui seront comme les stations de cet immense calvaire interallié, et tout spécialement dans un des pieux sanctuaires de Reims, cette grande ville martyre qui est, en vérité, le cœur sacré de la France meurtrie, et qui sera demain en même temps le centre même de ce vaste champ mortuaire.

En effet, ce sanctuaire privé de Reims devra être consacré tout entier au Cœur du divin Maître, pour être plus particulièrement ouvert à ceux dont les morts n'auront pas été retrouvés sur les champs de bataille, afin que sur le marbre puisse être inscrit le nom glorieux de tout héros disparu.

Pieuses constitutions de dots en souvenir des morts glorieux.

Puisque, comme nous n'avons cessé de le répéter, l'économie politique, les lois et les décrets ne pourront jamais à eux seuls réparer les désastres terribles de la guerre, ni assurer la reprise sociale de la vie normale, il nous faut donc faire un appel pressant à toutes les bonnes volontés, encourager tous les grands mouvements généreux du cœur français et tous les élans charitables de l'âme chrétienne pour satisfaire aux charges écrasantes de demain, et éviter l'heure des revendications violentes et des révoltes dangereuses.

C'est bien alors le moment de proposer à tous les parents riches ou même aisés, qui ont eu la douleur glorieuse de pleurer des héros, de verser pieusement, en souvenir de celui qui est mort au champ d'honneur, la dot qu'ils destinaient au cher disparu, à une fondation morale, sociale, industrielle, commerciale ou religieuse, selon la pensée du donateur, ce qui permettra de venir ainsi en aide aux victimes de la guerre, et d'aider, dans une certaine mesure, à diminuer les dettes de l'Etat et les impôts des contribuables, dans le présent et dans l'avenir.

Voilà, en vérité, un geste généreux qui est bien français !

Quel acte peut être plus patriotique ? Quelle grande et belle œuvre sociale et nationale !

Quelle reconnaissance éternelle des vivants pour ces morts généreux ; quels souvenirs profonds pour la mémoire de ces glorieux héros ! Quelle union plus vraie et plus intime entre le capital et le travail !

En effet, demain, si ce vœu se réalise, c'est grâce à cette touchante constitution de dots en souvenir des morts, qu'à côté de l'usine, près de l'entreprise commerciale, au centre de la ville, au milieu du village, s'élèveront partout de grandes œuvres sociales ou pieuses, lesquelles soulageront les misères humaines, rapprocheront vraiment le travail du capital, l'ouvrier qui peine du patron bienfaisant, et qui faciliteront ainsi la solution des graves problèmes actuels, car, il n'en faut pas douter, des millions de francs seront ainsi rapidement versés, dont les intérêts feront certainement merveille.

Mais, pour cela, il faut que les fondations soient absolument libres, afin que les donateurs puissent choisir eux-mêmes leurs mandataires, et leur confier le soin délicat d'administrer et de diriger les biens donnés conformément au droit commun.

Il faudrait même que la loi nouvelle puisse permettre à toute personne de faire une constitution de dot, en faveur d'une œuvre ou d'une fondation quelconque, en souvenir d'un parent ou d'un ami glorieusement frappé.

Quelle splendide et immense moisson d'or nous obtiendrons rapidement dans l'intérêt général, grâce à cette union sacrée entre les morts et les vivants, sur ce noble terrain de la grande charité !

Quel rapprochement sincère et bienfaisant entre les classes de la société et pour la belle cause de la justice et de la morale, car ce ne sera plus alors la loi, qui fixera à chacun la somme à donner, mais la conscience, qui imposera à tous des sacrifices et qui leur dictera le beau geste d'amour et de reconnaissance à faire !

Voilà une façon élégante et utile de faire du vrai et du beau socialisme chrétien !

Nous pouvons donc affirmer que :

les œuvres,
les fondations,
et les dots,

aideront pour une part très importante au règlement des problèmes économiques et financiers de demain, si l'Etat, au lieu de combattre avec un esprit mesquin de parti toute initiative personnelle, veut faire voter des lois de justice et de liberté, dans l'intérêt général des victimes de la guerre, et en particulier dans celui des contribuables et des finances de l'Etat.

C'est encore, et tout spécialement en cette circonstance, que les hommes d'œuvres et les hommes de bien doivent s'unir et centraliser leurs forces pour répandre la bonne parole et pour obtenir justice auprès des pouvoirs publics pour aujourd'hui et demain.

Utilité absolue d'une Maison centrale des œuvres au point de vue social et moral. Son programme pratique.

— Nécessité, en attendant la création de cette Maison, d'établir une centralisation des œuvres et des forces catholiques.

— Utilité de centraliser en même temps les Fédérations catholiques nationales et les Fédérations catholiques internationales.

Pour que nos efforts dans la société puissent être couronnés de succès, il faut que nous nous soumettions aux trois lois suivantes :

1° A la loi d'union et de groupement,
qui nous permettra de bâtir sur le roc un immeuble assez vaste pour devenir le centre connu de nos forces catholiques ;

2° A la loi d'autorité,
qui nous assurera une direction constante, intelligente et morale, chargée de vouloir, d'agir et de prévoir ;

3° A la loi d'amour,
qui unira toutes les bonnes volontés dans l'intérêt de la chose commune, et qui rapprochera tous les citoyens de la même patrie, car aucune force réelle ne doit être rejetée, quand elle est morale.

C'est pour ces raisons, que nous préconisons la création d'une Maison centrale des œuvres avec son programme pratique, comme étant, dans les circonstances actuelles, et en face de l'organisation des adversaires, une nécessité absolue, au point de vue social et moral. Mais toutefois, en attendant la réalisation de ce grand projet, la centralisation immédiate des œuvres et des forces catholiques s'impose d'elle-même.

En effet, sachons regarder en face la situation dangereuse qui s'aggrave chaque jour davantage, et qui deviendra insoluble, si nous continuons à nous plaindre sans agir, et surtout sans savoir prendre en commun de saines et viriles résolutions.

Ce n'est pas l'union sacrée politique qui nous sauvera ; ce n'est pas non plus l'union des partis disparates, ni la réunion des doctrines diverses, qui feront la force invincible d'où sortira la victoire du droit et de la morale ; mais c'est l'unité seule, sur un programme très net d'action immédiate et suivie, qui nous permettra d'atteindre le but décidé et précis.

C'est donc vers ce double plan de centralisation et de groupement d'œuvres sociales et morales que nos efforts d'aujourd'hui doivent tendre, car l'unité absolue d'opinions sur toutes les questions sociales, économiques et religieuses s'imposera ensuite d'elle-même, dès la réalisation de ce premier travail indispensable, au fur et à mesure que les problèmes sociaux trouveront leur solution devant les événements de demain.

Par conséquent, si nous voulons faire, dès maintenant, tout notre devoir, profitons utilement de toutes nos œuvres, pour soulager toutes les misères physiques et morales, et pour ramener rapidement les masses à la pratique de la vie chrétienne.

Or, cette Maison des œuvres de demain, et cette

centralisation d'aujourd'hui auront l'avantage, en groupant les forces et les efforts de chacun, de permettre à tous ceux qui veulent faire du bien, de pouvoir trouver dans ce centre effectif et actif d'énergie, qui sera constitué ou alimenté, selon le cas, par les forces vives des œuvres existantes, tous les renseignements utiles, tous les efforts groupés, et toutes les bonnes volontés nécessaires et mises au service de la collectivité en général et de chacun en particulier.

Et, en effet, que de choses pratiques auraient été faites, que de succès importants auraient été obtenus, que de mauvaises lois n'auraient pas été votées ! Par contre, que de bonnes lois auraient été promulguées, si cette Maison d'œuvres, avec ses services, avait existé, et si elle avait fonctionné d'une façon réelle et pratique, suivant le programme élaboré, car aux forces disciplinées des adversaires, et à leur organisation intelligemment comprise, nous aurions pu opposer, au moment voulu, une force supérieure et une organisation très imposante, qui auraient certainement décidé de la victoire, au lieu de connaître la défaite, résultat logique de nos divisions constantes et de nos efforts partiels.

En réalité, tant que chaque œuvre continuera à se

constituer et à se développer d'après ses idées personnelles, sans vouloir se préoccuper de l'intérêt général des œuvres, et sans comprendre que les œuvres doivent travailler conjointement au règlement pratique des problèmes sociaux et religieux, aucun avantage utile à la collectivité ne sera obtenu, et tout effort fait par chacun sera en partie perdu.

Cette division persistante et voulue a été une erreur impardonnable, car elle a nui considérablement à la valeur morale et réelle de chacune des œuvres, et leur a enlevé leurs grandes forces intérieures et extérieures, dont elles ont cependant un besoin absolu, pour faire une manifestation vraiment utile; de telle sorte que les œuvres ainsi séparées, loin de s'imposer à l'admiration des adversaires, comme elles auraient pu et dû le faire, sont encore aujourd'hui, pour la plupart, ignorées du public et des classes ouvrières, malgré le travail et les frais importants faits par chaque œuvre. En effet, des dépenses considérables ont été faites et n'ont jamais pu donner des résultats décisifs, alors que le contraire se fût nécessairement produit, si les œuvres s'étaient groupées et avaient centralisé leurs ressources à l'heure favorable, tout en restant cependant indépendantes chacune chez elle.

Il faut donc aujourd'hui, devant les événements actuels et ceux de demain, qui peuvent bouleverser les fortunes privées et publiques, que les œuvres se décident à prendre des résolutions nouvelles très nettes, puisqu'elles doivent guérir les plaies sociales et les plaies morales, surtout si elles veulent lutter avec succès contre le débordement dangereux du mouvement révolutionnaire, contre les doctrines criminelles de l'interventionalisme et contre l'organisation parfaite des adversaires fortement groupés.

Dans ces conditions, les œuvres, grandes ou petites, brillantes ou chancelantes, ne peuvent plus rester en dehors du mouvement général. Elles ont l'obligation d'aider, chacune dans sa mesure, à endiguer la vague anarchiste, à éclairer le peuple et à régler dans les meilleures conditions toutes les graves questions économiques de l'après-guerre, qui paraissent, il faut bien l'avouer, actuellement insolubles pour notre pauvre raison humaine.

Et si, par hasard, nous avions encore le moindre doute sur la nécessité impérieuse de ce groupement, de cette centralisation d'œuvres, il suffira d'examiner le travail accompli et les résultats considérables obtenus par nos adversaires, grâce à la création de la « Bourse du travail » où se groupent les syndicats et les mutualités, lesquels, réunis dans un même centre, constituent actuellement une force indiscutable, d'autant plus importante, que tous obéissent à un ordre donné par une autorité occulte et indiscutée.

La Maison des œuvres devra donc avoir pour objet :

1° De réunir sous un même toit, à titre de simples locataires, et tout à fait indépendantes les unes des autres, une quantité assez importante d'œuvres sociales et morales, qui garderont chacune leur autonomie personnelle ;

2° D'assurer ainsi, par cette centralisation effective, une manifestation certaine et extérieure de la vitalité de nos œuvres sociales catholiques ;

3° De faire connaître ainsi au public, et au peuple qui l'ignore, le nombre considérable de nos œuvres, leur force réelle, leur utilité et leurs effets bienfaisants, au point de vue social et chrétien ;

4° De permettre en même temps à chaque malade, qui veut se guérir, ou aux personnes qui s'occupent de ceux qui souffrent, de trouver facilement, réunis dans un même immeuble, sans perte de temps, et d'une façon pratique, grâce à une organisation complète, tous les renseignements utiles et nécessaires pour la guérison de toutes les maladies sociales et morales ; — du reste, puisque chaque œuvre est un remède pour une maladie morale ou sociale, il est logique de placer tous les remèdes, représentés par des œuvres, dans une même pharmacie, c'est-à-dire sous un même toit, afin de les mettre ainsi à la disposition immédiate des malades et à la portée de ceux qui veulent guérir ;

5° D'être, en réalité, un vrai centre connu d'utilité pratique, où se grouperont plus spécialement les forces vives catholiques, et où chacun pourra trouver des conseils sociaux, moraux et juridiques, ainsi que des avis très documentés ;

6° D'avoir le concours actif et effectif d'un comité permanent de compétences connues et d'autorités indiscutables, qui sera chargé de la défense, de la protection et de la prévoyance des questions sociales et religieuses, et qui travaillera à l'élaboration constante de plans, de conférences très documentées ;

7° De répandre la vérité, d'éclairer le peuple et d'impressionner les masses par une série de conférences qui seront faites en même temps, et dans les centres désignés d'avance, suivant un même programme, et d'après les mêmes arguments et les mêmes documents.

En effet, cette idée de groupement et de centralisation est tellement simple, rationnelle et logique, qu'elle devrait s'imposer tout naturellement ; mais, il est à craindre qu'elle se heurte à la routine de certains esprits inquiets, car elle bouleversera certaines combinaisons personnelles, et renversera certaines idoles qui aiment les adulations et les honneurs. Du reste déjà certains qualifient cette idée de « folie », d'autres de « conception hardie », et pendant ce temps-là, nos adversaires politiques et religieux s'organisent, se groupent, se syndiquent, s'associent et se centralisent suivant cette même idée, et forment une armée si bien disciplinée et si puissante que nos pontifes commencent à s'émouvoir de ces forces anciennes et nouvelles ainsi réunies, et à trembler pour leur quiétude de demain. Mais, attendront-ils encore, comme toujours, la défaite finale pour ouvrir les yeux à la lumière, et pour comprendre leur devoir devant le péril imminent ?

Quand voudront-ils se rappeler cette vérité : que « Tout ce qui est divisé périra » ?

Si la création de la Maison des œuvres devait se faire attendre, il serait cependant nécessaire d'obtenir la centralisation des œuvres, avec le concours et la collaboration de certaines compétences et de certaines autorités existantes, afin de réaliser, en principe, ce même programme d'ensemble.

Nécessité de centraliser nos œuvres catholiques en France, et de centraliser ensuite les Fédérations catholiques internationales.

Nous avons démontré la nécessité impérieuse pour les catholiques français de s'unir, de se syndiquer et de centraliser toutes leurs forces et leur énergie pour les raisons suivantes :

Comme catholiques, pour défendre l'Eglise, leurs doctrines religieuses et la morale chrétienne, et faire régner ainsi la justice et le droit.

Comme chefs de famille, pour la défense et la protection de leurs droits.

Comme citoyens, pour obtenir l'abrogation des lois néfastes et la promulgation de lois justes et utiles, et développer par cela même la vie économique de la nation.

Comme adversaires de l'internationalisme social, pour empêcher le mouvement révolutionnaire de renverser sur son chemin la famille et la société, et de détruire à jamais tout principe d'ordre et de justice, et de sauver ainsi la patrie, à l'heure où les passions humaines sont partout en pleine effervescence, et où les doctrines sociales et économiques les plus osées ont cours et sont acceptées, parce qu'elles flattent les bas instincts populaires, alors qu'elles menacent gravement les fondements de toute société honnête et les principes mêmes de toute civilisation.

Par conséquent, aujourd'hui, il faut agir, quand il est temps, car demain il sera peut-être trop tard, bien que cependant nous soyons en réalité la majorité.

Du reste, nous sommes au tournant dangereux et critique de notre histoire ; il faut vaincre, en livrant avec noblesse le beau combat, ou mourir sans grandeur et sans gloire.

Mais, il ne suffit pas seulement, à l'heure présente, de centraliser nos forces catholiques en France, pour gagner la victoire, il faut que toutes les œuvres catholiques internationales centralisent les leurs, pour la protection et la défense de leurs droits.

Il est donc nécessaire que, dans chaque pays, cette idée de groupement et de centralisation soit acceptée comme une vérité indiscutable, tant elle est évidente, autrement, nous courrons tous à notre perte irréparable ; et si, toutefois, une Fédération catholique se croyait assez forte pour engager la lutte toute seule, elle n'aurait pas le droit en conscience d'agir ainsi, et de se désintéresser des autres Fédérations catholiques étrangères, car, au-dessus d'elles toutes, il y a l'idée catholique, qui doit présider, qui nous impose des devoirs d'union, et qui nous ordonne de nous aider les uns les autres.

Donc, à tous ces points de vue, les Fédérations se doivent aide et assistance, et, pour cela, elles doivent centraliser toutes leurs énergies en un même point, d'autant que l'adversaire, quoique très inférieur en nombre, est terriblement dangereux et sait se grouper.

En effet, les adversaires, comme nous l'avons établi, ont compris depuis longtemps la nécessité absolue d'arrêter un plan très net et très violent de combat, non seulement en France, mais aussi à l'étranger, grâce à une centralisation très bien constituée, d'où partent des ordres constants donnés par une direction ferme, audacieuse et prévoyante, qui dirige, avec une autorité de dictateur, et souvent sans aucune sagesse, la lutte :

Contre l'église, pour l'empêcher de vivre, de se développer et surtout d'être connue du peuple ;

Contre tout citoyen chrétien ou indépendant, pour le mettre plus ou moins vite en dehors de toute vie sociale, et le rendre indifférent ou antipathique aux masses populaires.

Ainsi, pendant la guerre, les socialistes révolutionnaires des pays belligérants ont continué à s'unir entre eux, et même avec ceux des pays ennemis, non seulement pour la défense de leurs intérêts personnels, mais en vue de l'intérêt mondial du parti démocrate, dans le but de paralyser aujourd'hui et demain tous les efforts des autres partis.

Or, ils sont arrivés à ce résultat inespéré, grâce à la centralisation de toutes les fédérations sociales, nationales ou internationales, qui leur donnent, en réalité, cette force considérable dont les socialistes allemands usent et abusent, en faveur du Kaiser, qui sait, du reste, largement récompenser les services rendus et payer les traîtres.

Comprenons-nous maintenant pourquoi, devant ces forces centralisées et si dangereuses, notre devoir est de nous syndiquer de notre côté et de centraliser, non seulement nos forces catholiques nationales, mais aussi nos forces catholiques mondiales. C'est afin d'opposer à nos adversaires une armée disciplinée et unie, pour la protection du droit et la défense de la justice et de la morale, dans l'intérêt de l'humanité entière, de la civilisation, pour la gloire et la grandeur de notre chère patrie, et pour le développement et la prospérité de nos œuvres, dont les pauvres, les malades et les déshérités de la vie ont un si grand besoin.

Nous verrons plus loin qu'en Espagne une agitation révolutionnaire très importante n'a pu être arrêtée et conjurée que grâce à une fédération d'ouvriers catholiques intelligemment constituée, laquelle a su s'imposer, et a rendu, de ce fait, un réel service à la patrie, à l'heure du danger suprême.

Que cet exemple nous encourage donc à faire tout notre devoir !

Nécessité des conférences.

La conférence est indispensable :

1° Pour refaire l'éducation sociale ;

2° Pour protéger la bonne parole et les doctrines utiles et bienfaisantes d'une façon pratique et constante ;

3° Pour impressionner les masses utilement et moralement ;

4° Pour enseigner au peuple la vérité et combattre les mauvaises doctrines des adversaires.

Pour nous convaincre de la nécessité pratique des conférences, à l'heure actuelle, il nous suffit d'écouter la parole du R. P. Janvier, l'un des membres les plus influents de la Société des conférences populaires.

« Il faudrait, dit-il, faire des milliers de conférences « populaires ; mon rêve serait que, dans toutes les « paroisses, le curé de campagne distribuât sa doc- « trine aux fidèles venus dans son église et que, « quelques instants après, un conférencier aille « répandre la vérité là ou le prêtre n'a pas pu la faire « pénétrer.

« Et, puisqu'il y a 40.000 curés en France, je vou- « drais y ajouter 100.000 conférenciers, afin que, « tous les dimanches au moins, il y ait deux prônes « bien catholiques, bien orthodoxes, dans tous les « villages : le prône du curé et celui du conféren- « cier. »

Mais pour que les conférences puissent donner les résultats attendus, et puissent servir au développement de la vie sociale et religieuse, il faut :

1° Que la conférence fasse, tout d'abord, partie intégrale d'un plan d'ensemble de protection, de défense et de prévoyance sociale et morale ;

2° Qu'elle serve à l'exécution et à la propagande de ce plan ;

3° Que les conférenciers ne s'écartent jamais

du programme qui a été arrêté et qui leur sera donné ;

4° Que la conférence soit toujours très documentée, et appuyée de consultations signées par des compétences connues, afin de s'imposer et de prévoir les réfutations contraires ;

5° Qu'enfin la même conférence soit faite en même temps dans de nombreux endroits et pendant une période assez longue, afin de créer un mouvement important, de provoquer la discussion, et d'impressionner ainsi le peuple, après l'avoir instruit et éclairé.

S'il en est autrement, et si on laisse à chacun le droit de développer son sujet d'après ses idées personnelles, nous retomberons dans les errements d'autrefois, et nos efforts, quoique considérables, seront vains, parce qu'ils auront été divisés et éparpillés, et qu'ils auront été faits sans méthode et sans but.

En effet, quel bien peut faire la meilleure des conférences, quand elle s'adresse une fois ou deux à quelques centaines d'auditeurs, et même quand elle est transportée, çà et là, dans des régions diverses, ou bien quand une tournée de conférences est faite sur des sujets variés par des inexpérimentés, qui parlent suivant un plan personnel ?

Ces conférences ne peuvent avoir aucune influence pratique et ne peuvent donner aucun résultat.

Il n'en serait pas ainsi d'une même conférence très documentée, répandue à profusion sur le même sujet, soit dans toute une région, soit dans un centre particulier, car elle ferait alors tache d'huile, et déterminerait certainement le mouvement désiré.

C'est cette vérité, cependant éclatante de lumière, qui n'a pas encore été comprise par toutes les œuvres.

Maintenant pour assurer le succès d'une conférence, il faut :

1° Une collaboration étroite entre le prêtre et le laïque, car c'est au curé du village ou de l'endroit visé, qu'il appartiendra, plus spécialement, de trouver des jeunes gens et des hommes dévoués à la bonne cause, capables soit de faire une propagande utile, soit même de prendre la parole pour conférencer, suivant les instructions et les notes qui seront communiquées;

2° Que ces hommes connaissent bien les lieux, soient de vrais apôtres, capables d'annoncer la bonne nouvelle et d'amener les indifférents aux réunions;

3° Répéter ensuite la conférence un peu partout et dans tous les milieux, afin de faire la tache d'huile.

4° Les conférenciers devront parfois, suivant les circonstances et le sujet, être pris parmi les travailleurs eux-mêmes, ou parmi ceux qui habitent la région et qui ont une certaine autorité morale; il est cependant bien entendu que le plan complet de la conférence devra toujours être arrêté d'avance, et basé sur des documents d'une compétence absolue et irréfutable, en fait et en droit, de façon à ce que le conférencier quel qu'il soit ne puisse s'écarter du sujet et ne donner prise à aucune réplique ni à une réfutation sérieuse.

5° Cependant, suivant les sujets et les heures, il sera peut-être nécessaire de s'adresser à des conférenciers ayant plus grande autorité, soit pour engager un combat plus violent, soit même pour impressionner plus favorablement le public, car la vérité a souvent besoin d'être défendue par des personnalités de grande valeur morale et plus connues, surtout quand certains adversaires s'adressent aux basses passions des masses.

Par conséquent, si nous préparons dès maintenant avec soin et méthode ces tournées de conférences pratiques, en les concevant par villages, par villes et par régions, suivant un programme conforme à notre idée générale, nous pouvons être convaincus du succès, sans craindre l'objection qui pourrait nous être faite, par des esprits chagrins, concernant les frais de ces conférences, car ces frais de conférences populaires nous sont déjà connus, et sont, en réalité, d'un prix acceptable.

Mais si ces frais devaient être supérieurs, il faut les faire quand même pour sauver la maison qui brûle ; du reste, ces frais peuvent être couverts, vu l'utilité certaine de cette œuvre sociale :

1° Par la cotisation des membres et des dames patronnesses de la Société des conférences ;

2° Par un comité de propagande ;

3° Par quelques conférences générales payantes, données pour les familles riches ;

4° Par les œuvres mêmes qui auraient un intérêt tout particulier à la conférence.

A côté de ces conférences populaires et sociales, on peut instituer au point de vue religieux la conférence mensuelle familiale pour la famille, qui est la base de la société, et, si possible, y adjoindre aussi une retraite annuelle, que clôturera toute une série de conférences pratiques, au cours desquelles une quête serait faite au profit de l'œuvre des conférences, ce qui aidera encore à payer les frais généraux.

La conférence au village.

Voilà plus de huit ans que je réclame l'édification de la Maison des Œuvres pour obtenir cette centralisation efficace des forces catholiques, avec ses directions pratiques et utiles, ses conférences indispensables pour la défense du droit, de la justice et de la morale, ainsi que pour la propagation des connaissances sociales, si nécessaires au peuple, avide de connaître la vérité ; mais hélas ! en France il faut toujours lutter contre la routine, qui combat systématiquement toute idée nouvelle, ce qui est une faute impardonnable, car elle a mis nos œuvres dans un état d'infériorité notoire par rapport à celle des adversaires.

Aussi, saluons-nous avec joie les Conférences au village que la Ligue des patriotes organise. C'est, espérons-le, le commencement de la réalisation pratique de notre programme général, car, comme nous l'avons déjà dit, l'union et le groupement sous toutes ses formes constituent la seule et vraie force, tandis que toute division et tout éparpillement de forces conduisent au découragement et à l'anarchie, et sont d'autant plus dangereux qu'ils donnent l'illusion d'une puissance qui, en réalité, n'existe pas, et dont les adversaires se servent cependant pour nous attaquer et nous combattre.

Nécessité d'une ligue pour combattre le plan des Petites amicales (1912) et de la Maison sociale (1916).

Si nous voulons suivre une ligne de conduite intelligente, utile et morale, capable de nous donner des résultats bienfaisants et pratiques, il est indispensable qu'en ces jours de lutte à outrance, où peuvent se jouer les destinées de la famille et de la société, tous les hommes de bien et de bonne volonté acceptent de se grouper et de s'unir et comprennent enfin la nécessité impérieuse de former entre eux une ligne sérieuse et forte, chargée :

de les éclairer,

de les protéger,

de les défendre dans leurs devoirs et pour leurs devoirs de pères de famille, de citoyens et de chrétiens.

En effet, à l'heure actuelle, le mouvement révolutionnaire socialiste et international qui se recommande des principes athées et francs-maçonniques, et qui prend bien souvent son mot d'ordre dans un milieu hostile à la France, n'a qu'une seule pensée, combattre et détruire l'Eglise, la morale chrétienne et les belles idées de charité, en corrompant l'école, en renversant les principes de la famille et en répandant dans la société la haine et la discorde, sous de prétendues formules de solidarité humaine et de fraternité des peuples.

Par conséquent, devant ce spectacle très angoissant et ces cris de guerre, les hommes de cœur et de devoir, et en particulier les catholiques, ne peuvent pas rester indifférents, ni neutres, sans commettre une lâcheté ou une trahison.

Il leur faut donc sortir de leur apathie, pour livrer avec courage le bon combat. Or, pour gagner la bataille, dont dépend l'avenir de la famille et de la société, il ne suffit plus aujourd'hui d'avoir des généraux expérimentés et un état-major instruit et courageux, il faut posséder une armée brave, disciplinée et bien groupée, qui connaisse les chefs et qui ait confiance en eux ; d'où le besoin et l'obligation de se réunir d'urgence en une ligue composée de régiments de combat, qui obéiront aux ordres donnés et qui sauront passer, si c'est utile, à l'offensive pour obtenir la victoire.

Est-il nécessaire pour exciter les catholiques à la lutte de leur rappeler encore les arguments audacieux des adversaires, qui font cyniquement l'assaut de tout ce qui est beau, grand et noble, et qui détruisent sur leur passage, par leurs théories et leurs doctrines, la morale chrétienne, la famille et la société, afin de régner en maîtres et de s'assurer les places et les fonctions publiques ?

Pourquoi les hommes de bien, les catholiques, qui sont cependant le nombre, assistent-ils en spectateurs étonnés et craintifs à la destruction de leur famille et au renversement de la patrie, et écoutent-ils, sans protestations indignées, les injures graves adressées à leur religion, par cette cohorte infime de politiciens et de sectaires qui sèment partout le désordre et la révolte ?

Pourquoi donc d'un côté ce silence coupable, et de l'autre cette audace insolente ?

Parce qu'il n'y a chez les hommes de bien ni union, ni groupement, ni programme, et parce que, par respect humain, on ne veut pas dire tout haut ce qu'on pense tout bas. Etrange mentalité !

Il est cependant de notre devoir de chrétien de relever la tête devant ces défis au bon sens, à la morale outragée et à la saine raison, et de faire respecter ce qui est respectable, si nous ne voulons pas être les dupes de cette minorité qui ruine la France, et devant laquelle nous nous inclinons cependant au lieu de nous révolter.

Mais ce réveil bienfaiteur ne se produira qu'à la condition formelle que nous cessions cette vie d'indifférence extérieure et de neutralité coupable qui tue l'âme et le cœur et annihile les forces vives de la volonté, et que chacun alors, dans la mesure du possible, veuille contribuer à la victoire générale, en devenant, comme membre actif de la ligue militante des catholiques, le vrai défenseur de Dieu, de la patrie et de la famille.

Or, pour bien nous rendre compte de l'absolue utilité de cette ligue, il faut nous rappeler nos devoirs et nos droits, comme citoyens, comme chrétiens et comme Français, et nous verrons alors combien l'intérêt de la France et notre intérêt personnel nous obligent en conscience à en faire partie :

1° *Comme chefs de famille,* nous devons protéger et défendre notre foyer et diriger l'âme de nos enfants, en surveillant leur éducation et leur instruction, afin d'en faire de bons citoyens.

Par conséquent, il ne nous est pas indifférent de laisser à des maîtres peu scrupuleux ou aux adversaires de nos principes, le soin de former l'intelligence, le cœur et la conscience de nos enfants, car ces derniers font partie de notre famille et peuvent honorer ou déshonorer notre nom, selon les enseignements reçus à l'école.

C'est donc un droit absolu reconnu par le Conseil d'Etat et un devoir de conscience de nous liguer pour obliger l'instituteur et le parlement à tenir compte de nos désirs légitimes, concernant l'école, et à respecter toutes nos convictions religieuses ; et quand notre autorité se sera ainsi imposée, nous serons alors écoutés et respectés.

2° *Comme citoyens*, car il ne nous est jamais permis de nous désintéresser des choses publiques et surtout des lois présentes et futures, qui peuvent ruiner notre foyer et notre patrie.

En effet, il dépend de nous seuls d'avoir des lois justes et bienfaisantes, en nommant des mandataires — parlementaires ou autres — consciencieux, intelligents, honnêtes et moraux, chargés de faire voter celles qui sont bonnes et de combattre utilement les mauvais projets, dès qu'ils sont déposés sur le bureau de la Chambre.

Mais, toutefois, pour donner nos suffrages à ceux qui méritent en vérité notre confiance, il faut tout d'abord nous éclairer et surtout savoir nous entendre entre nous ; or, c'est toujours en nous liguant que nous obtiendrons cette force dont nous avons besoin, et que nous ferons acte de vrais citoyens.

3° *Comme chrétiens*, nous avons l'obligation de défendre l'Eglise, qui est la grande école morale par excellence, et qui peut seule guérir la société malade et nous donner à tous des leçons pratiques d'économie sociale dans l'intérêt public.

Or, c'est justement cette morale sociale chrétienne qui gêne nos adversaires, car elle condamne avec sévérité leurs utopies mensongères et leurs agissements scandaleux, et réprouve tout acte qui porte atteinte aux droits sacrés du travailleur et du malheureux.

C'est encore et toujours à cette ligue qu'il nous faut recourir, non seulement pour lutter avec succès contre les entreprises éhontées de ces sectaires, qui ne reculent devant rien pour arriver à leurs fins, mais aussi pour empêcher le vote de lois impies, en combattant sans délai les projets de ces lois, par des contre-projets intelligemment conçus et très documentés, qui seront répandus en temps utile.

Par conséquent, cette ligue doit comprendre :

1° L'association des pères de famille pour la défense du foyer ;

2° La réunion pratique des citoyens pour la protection, la défense et le maintien de leurs droits d'électeurs ;

3° L'union de tous les catholiques pour le respect dû à leurs croyances et à leurs convictions.

Mais, pour avoir la victoire assurée, il faut que chaque ligueur prenne en plus l'engagement d'honneur et de conscience d'être un instructeur dévoué et un apôtre zélé dans la famille et dans le milieu où il vit, pour propager partout et toujours les saines doctrines de la morale religieuse, afin de faire aimer davantage Dieu, la patrie et la famille.

Rappelons-nous à nouveau ces deux vérités indiscutables :

1° Que si l'union fait la force, la divison affaiblit et conduit à la ruine ;

2° Que les masses en général ne combattent pas pour une idée, qu'elles ont besoin d'un centre de ralliement pour les réunir, et de matérialiser leurs pensées avant d'agir.

En effet, à Rome, la foi religieuse s'est accrue du fait de l'existence des catacombes, où les chrétiens venaient se grouper autour des apôtres, pour apprendre à mourir en martyrs.

De même, dans la commune, c'est toujours

l'église qui est le point de réunion, autour duquel s'est formé le village.

C'est le foyer conjugal, qui est la base indispensable pour la constitution vitale de la famille et pour le groupement des membres de cette famille.

C'est le drapeau déployé, qui symbolise la patrie ; c'est autour de lui que se groupent les combattants au plus fort du combat, et qui décide très souvent de la victoire.

Alors, nous devons en conclure que, selon la déclaration très juste d'un de nos éminents évêques, l'évêque de Versailles, « ce ne sont pas les braves gens qui nous manquent, ce sont les braves gens groupés ».

C'est ce que nous ne cessons de répéter.

Vérité éclatante, mais hélas ! jusqu'ici trop souvent incomprise, même par ceux qui prétendent s'intéresser au bien public, et qui s'occupent d'œuvres.

Par conséquent, il est nécessaire de constituer et de placer la Maison des Œuvres dans un cadre convenable, non seulement pour prouver aux masses notre existence pratique et bienfaisante, mais encore pour démontrer au peuple incrédule et ignorant que les catholiques savent faire avec élégance tout ce qui est nécessaire pour guérir toutes les maladies physiques et morales, améliorer le bien-être général et aider tous ceux qui souffrent.

Maintenant, si un doute pouvait encore exister dans l'esprit de certains hommes de bien sur la nécessité de grouper et de centraliser les forces des œuvres pour le bon combat, il nous suffira de leur mettre sous les yeux le plan d'attaque laïque dirigé par les petites Amicales, dès 1912, et qui réclamait entre autres :

1° La restriction de l'école libre, en attendant sa suppression ;

2° Le patronage laïque obligatoire.

En effet, les petites Amicales, en 1912, dans leur dernier congrès, à Paris, ont voté le vœu suivant :

> « Qu'à l'occasion des projets de loi sur la « fréquentation scolaire et de la défense laïque, « le parlement complète les résolutions qui lui « sont présentées par la commission de l'ensei- « gnement, à savoir :
>
> « *a*) En modifiant le statut de l'enseignement « privé, notamment en ce qui concerne l'ouver- « ture et la surveillance des établissements libres, « le recrutement du personnel, l'emploi des « livres, l'organisation des examens, le contrôle « des garderies ;

« *b*) En organisant l'œuvre postscolaire obli-
« gatoire, avec orientation professionnelle. »

Ainsi, le premier vœu réclame l'interdiction de l'ouverture d'écoles privées dans les communes de moins de trois mille habitants, sous prétexte que l'ouverture d'écoles privées peut amener des dissensions.

Voilà l'esprit combatif et nettement hostile des Amicales à l'égard de la liberté des pères de famille.

Et après la réglementation de l'enseignement privé, elles ont demandé la création de l'œuvre postscolaire obligatoire.

Aussitôt, un de leurs députés a déposé à la Chambre un projet instituant un patronage laïque auprès de chaque école publique, sous le contrôle de l'inspecteur d'Académie, qui devra en approuver le programme.

Enfin, la commune devra obligatoirement subventionner le patronage laïque, en proportion des recettes et des dépenses de celui-ci, et le budget national contiendra un crédit annuel de subvention, qui ne pourra être inférieur à trois millions.

Ce vœu a donc pour effet d'étouffer tous les patronages et toutes les œuvres postscolaires catholiques.

C'est très net !

Pour nous édifier tout à fait, lisons maintenant les rapports des commissions constituées par les adversaires sur l'utilité des centraux à construire et des ligues à constituer.

Ecoutons les déclarations de ces rapports instructifs :

« Il faut aujourd'hui compter davantage sur l'action « collective des groupements et les constituer plus « nombreux et au plus vite, et sur l'action indivi- « duelle de leurs membres. »

« Il faut établir et créer à côté de l'école, et sans « tarder, des locaux d'ouvriers, pour faciliter les « réunions des comités, les assemblées générales, les « fêtes, etc..., de façon à éviter qu'une municipalité « hostile à nos idées puisse compromettre notre action, « en nous refusant l'entrée des locaux de l'école. »

« Nous avons, du reste, à nous féliciter du travail « fructueux de la dernière campagne, car, il y a « quelques années encore, on ne comptait que très peu « de locaux ; aujourd'hui, il y en a partout, qui abri- « tent de nombreux groupements, soit grâce à la « complaisance des conseils municipaux favorables à « notre doctrine, lesquels nous ont loué un franc par « an des locaux municipaux pour notre propagande, « soit grâce aux donations nombreuses des particuliers

« et surtout aux subventions du gouvernement, qui « a pris ces fonds sur les bénéfices du pari mutuel. »

« En 1912, le fonctionnement des patronages laïques « a constaté un progrès considérable dans la constitu- « tion de ses œuvres laïques et de leur établissement « en des locaux d'œuvres et dans le développement « complet de l'initiative personnelle des membres de « cette ligue laïque, dont le but est de prendre posses- « sion de l'âme des enfants et de la jeunesse et d'as- « surer la défense de l'école laïque. »

Voilà ce que font les adversaires, qui savent se grouper et s'unir, quand nous vivons divisés, et que nous ne voulons ni voir, ni prévoir !

Voici maintenant l'ordre du jour de la Ligue d'action et de défense laïques dirigée contre les pères de famille :

« Il faut réaliser la fermeture des écoles privées, « dès que les pères useront de leurs droits de contrôle « et de surveillance et oseront critiquer les actes de « l'instituteur laïque. »

Il faut passer des paroles aux actes et donner confiance « à la démocratie ».

C'est ainsi que nos adversaires, devenus audacieux du fait de notre coupable faiblesse, comprennent la neutralité de l'école et la liberté de conscience, et osent traiter les droits sacrés du père de famille !

Est-ce assez clair ?

Et comprenons-nous, maintenant, le danger qui nous menace devant notre division ? Y a-t-il un doute possible ? Assurément non.

Nous pouvons, par ces quelques citations, nous rendre un compte très exact de la propagande folle et extrêmement dangereuse que les adversaires ont faite et font tous les jours en faveur de l'école laïque, suivant un programme bien arrêté et savamment répandu dans toute la France.

Devant ces faits, voulons-nous encore hésiter un seul instant à nous liguer dans une union pratique, intelligente et constante, nous qui sommes le nombre et la force morale, pour répondre utilement à ces insultes graves et à ces prétentions audacieuses et coupables, et dans le but d'imposer enfin à l'école notre autorité, et au parlement notre volonté ?

Sachons donc, une bonne fois, faire notre « *mea culpa* », et rappelons-nous que la loi du 9 décembre 1905, sur la séparation des Eglises et de l'Etat, a été votée le 3 juillet 1905 par 341 députés (sur 622 membres), représentant seulement 2.647.315 électeurs sur 11.000.000 d'électeurs, parce que les catholiques et les hommes de bonne volonté ne se sont pas unis et groupés en temps utile, faute de centre et de programme, pour défendre leurs droits. Quelle leçon pour nous!

Maintenant, pour notre édification, écoutons les adversaires qui vont eux-mêmes nous donner des leçons instructives d'action et d'organisation, et qui diront et obtiendront pour eux ce que je demande sans succès depuis dix ans pour nous.

« Il faut, disent-ils, à côté des œuvres officielles, « créer des œuvres privées et des ligues, sans couleur « apparente, pour grouper tous les citoyens. »

« Si le conseil municipal a construit entièrement « avec les deniers des contribuables la « Bourse du « travail », il doit, aujourd'hui, développer dans le « cœur des citoyens des vertus d'épargne et de pré- « voyance, en édifiant le palais de la mutualité. »

« En effet, il n'est pas douteux que le jour où la « mutualité possédera à Paris un palais assez vaste « pour y organiser des manifestations dignes de ses « aspirations, et pour abriter de façon permanente « ses sociétés les plus importantes, elle bénéficiera, « par là même, d'une vitalité toute nouvelle et d'une « force de propagande juqu'alors inconnue, car elle « aura pour but, par l'union des forces et des ressour-

« ces de chacun, de créer toujours, en temps voulu, « une aide morale et pécuniaire pour ceux qui en « auront besoin. »

Ainsi, les adversaires eux-mêmes comprennent tellement l'utilité immédiate de centraliser en un immeuble leurs œuvres sociales, et de propager leurs doctrines, qu'un des leurs vient de déposer un projet de municipalisation des sociétés laïques, qui consistera à grouper toutes ces sociétés sous l'égide de la municipalité et de leur donner des ressources très importantes en hommes, en locaux et en argent, afin qu'autour de chaque école se groupent sous une même direction toutes les sociétés capables de s'intéresser à l'enfant :

> Caisses des écoles, cantines scolaires, patronages, sociétés d'éducation physique, sociétés de préparation militaire, amicales d'anciens élèves,
>
> lesquelles recevront directement leurs inspirations des comités centraux.

Un conseil d'école sera chargé de gérer les sociétés dont les membres sont incapables de se diriger eux-mêmes, et il devra veiller à l'exécution des lois sur l'instruction.

C'est, en réalité, la mainmise complète sur l'école

et sur l'enfant, à l'encontre des droits de liberté et des droits du père de famille, aux cris de « Sus à l'Eglise ! » et pour la défense laïque.

Allons-nous encore et toujours attendre que ces lois soient votées pour les dénoncer comme suspectes ?

Quand voudrons-nous comprendre qu'il faut les combattre avant le vote, et que prévoir, c'est gouverner ?

Car à quoi peuvent bien servir nos plaintes et nos indignations tardives quand ces lois sont promulguées ?

Maintenant, il nous est utile aussi de connaître aujourd'hui l'avis de quelques hommes célèbres sur l'école laïque, dont font toujours état nos adversaires.

M. Duruy, le fondateur de l'école laïque, nous déclare :

« Pour ma part, si on me forçait d'envoyer mes « enfants dans une école qui ne me conviendrait « pas, sous un maître qui me serait suspect, je dirais « que c'est la plus insupportable des tyrannies. »

Au sujet de l'école sans Dieu, M. Jaurès, dans sa thèse de doctorat, s'exprime ainsi :

« On a besoin de croire, car on est fatigué du vide « du monde, du néant brutal de la science. Aussi, on

« ne voit que des âmes vides qui se penchent sur des « âmes, comme des miroirs sans objet qui se réflé-« chissent l'un sur l'autre. C'est une ère d'impuis-« sance raffinée et de débilité prétentieuse qui ne « durera pas. La conscience humaine a besoin de « Dieu et elle le saura saisir malgré les sophismes qui « n'en parlent que pour le dérober. Que le monde sera « beau, lorsqu'en regardant dans la prairie le soleil « mourir, l'homme sentira soudain, à un étrange « attendrissement de son cœur et de ses yeux, qu'un « reflet de la douce image de Jésus est mêlé à la « lumière du soir! »

Voltaire, lui-même, conjure chaque père de famille de préparer une postérité qui connaisse l'Evangile, de peser les grandes vérités enseignées par ce grand livre sublime et de les faire graver dans la tête de ses enfants.

Diderot soutient :

« La première connaissance qui soit essentielle à « la jeunesse est la religion, unique base de la « morale. »

Napoléon Ier déclare :

« Elevez-nous des croyantes et non des raison-« neuses. »

Victor Cousin nous affirme que :

« L'augmentation de l'instruction n'amènera pas « du tout une augmentation de la moralité. Ce n'est « pas l'instruction qui moralise, c'est l'éducation reli- « gieuse. Le Christianisme doit être la base de l'ins- « truction du peuple. L'enseignement doit être chré- « tien. L'école publique est un sanctuaire dont la « religion ne saurait être bannie. »

Guizot, qui a été ministre de l'Instruction publique, écrit qu'il faut, pour que l'instruction primaire soit vraiment bonne, qu'elle soit vraiment religieuse.

Victor Hugo nous dit que l'ignorance vaut mieux que la mauvaise science. « Je veux sincèrement, je dis « plus, je veux ardemment l'enseignement religieux. »

Enfin, J-J. Rousseau ajoute :

« Nulle nation n'a jamais existé que la religion ne « lui serve de base. »

Ainsi, nous voyons que les hommes sur lesquels les adversaires s'appuient pour démoraliser et déchristianiser l'école, leur donnent eux-mêmes un démenti formel, en reconnaissant aux pères de famille le droit et de devoir de protéger l'âme de l'enfant et de lui enseigner la pratique de la religion.

Il est nécessaire aussi de constater les efforts que nos adversaires continuent à faire pendant la guerre pour combattre nos idées et nos croyances, car ils n'entendent pas désarmer dans l'avenir, malgré l'union sacrée.

En effet, en juillet 1916, on nous a annoncé la création de la « Maison de vie sociale » comme une grande force civique, dans les 36.000 communes de France, sous l'influence de l'instituteur laïque et du délégué du préfet, laquelle, grâce à un programme très adroitement présenté, aura pour but réel de combattre la Maison de Dieu, puisque chaque citoyen trouvera, disent les adversaires, dans la « Maison de vie sociale » une direction générale sur les corps et sur les âmes.

Les promoteurs de cette idée profane ont même proposé d'imposer tous les Français pour subvenir à cette maison nouvelle chargée de combattre nos idées, nos croyances et notre culte catholique.

Qu'attendent donc maintenant les hommes de bien et les hommes d'œuvres, pour se grouper et protester devant ce grave danger social et moral, qui menace nos œuvres, nos écoles et nos églises ?

Le temps presse cependant, et il faut agir d'autant plus vite qu'en 1916 il s'est tenu aussi à Paris le congrès international d'entente éducative, dont le but a été de préparer la campagne de l'après-guerre en France et chez nos alliés.

Dans ce congrès international, on a parlé, bien entendu, des questions scolaires et postscolaires obligatoires pour tous, afin de combattre les œuvres religieuses catholiques suivant un plan déjà énoncé lors des Amicales (1912).

Or, devant ces faits nouveaux, qu'avons-nous fait pour éviter que le mal soit consommé, ou pour le combattre ?

Rien, absolument rien de vraiment pratique.

Pourquoi ? parceque nous ne voulons pas entendre et écouter ceux qui nous disent la vérité, et aussi parce que nous n'avons ni chefs, ni troupes organisées, ni programme, ni centre défini pour agir utilement.

Et pourtant, il faudrait bien cependant opposer aujourd'hui aux adversaires actifs une organisation, un plan et une volonté, si nous voulons nous défendre au lieu de gémir misérablement devant le fait acquis.

Nécessité de l'éducation morale et chrétienne dans la société.

La comparaison, dont nous nous sommes servis, pour représenter d'une façon saisissante la société dans la vie sociale, nous a démontré la nécessité de l'éducation morale.

C'est cette éducation chrétienne qui assurera le bon fonctionnement de la société, car elle obligera en conscience les citoyens :

1° A exercer leurs droits, à remplir leurs devoirs envers la société, et à obtenir ainsi des lois justes et bienfaitantes;

2° A nommer des gouvernants capables de mener à bien la chose publique ;

3° A pratiquer la charité chrétienne les uns envers les autres, afin de rendre plus facile la solution des problèmes sociaux.

En effet, la société sans Dieu, c'est la porte ouverte à toutes les turpitudes et à toutes les intrigues humaines ; c'est la corruption officielle, c'est le désordre sans frein ; c'est la haine entre les classes de la société, à l'usine et au foyer, et la bataille dans la rue, c'est en un mot, la licence et la révolte partout, et partout l'anarchie, faute d'autorité, de direction et de morale.

Du reste, pour nous convaincre de cette vérité, écoutons la parole de M. Taft, l'ancien président de la République américaine, sur la nécessité de la pratique des vertus chrétiennes et sociales et sur l'enseignement catholique en particulier pour le développement et la prospérité de la famille et de la société.

« Il faut, dit M. Taft, confier la direction des « écoles, sur le territoire réservé aux Indiens, aux « prêtres catholiques et aux Sœurs de charité, parce « qu'aucun éducateur ne s'est montré à la hauteur de « Jean-Baptiste de la Salle, et parce que c'est grâce à « Barthélemy de Las Casas, et à ses successeurs dans « l'Amérique latine, que la race indienne s'est civi- « lisée et a été respectée. »

Il ajoute plus loin :

« Je ne puis comprendre comment une personne « de sens commun peut trouver mauvais, qu'en ces « écoles d'enfants d'une race malheureuse se montre « l'habit des fils et des filles de la grande Eglise catho- « lique, qu'on rencontre toujours au chevet du blessé « et du malade et partout où il y a un malheureux à « consoler ou une misère à secourir. »

Dans un autre discours, il dit :

« La religion est indispensable pour la société, et « l'institution la plus admirablement humaine qui « est l'Eglise catholique romaine tient sa suprématie « de ce qu'elle constitue le système le plus démocra- « tique du monde (comme le démontre l'élévation « au premier trône du monde, au trône de saint « Pierre, de Pie X, cet humble fils de paysan). « L'Eglise catholique est la république modèle, parce

« que, chez elle, il n'existe pas d'ambition person-
« nelle. »

Le 20 juin 1912, il déclarait aux jeunes gens catholiques de l'Université que : « L'Eglise catholique « est non seulement la souveraine éducatrice de « l'homme, mais son constant soutien et son ange « gardien..... C'est l'Eglise catholique qui la première « a fondé des hôpitaux et des maisons de refuge, qui « a combattu l'esclavage, a proclamé l'égalité sociale « et fondé la démocratie. »

« Sa supériorité est de prêcher d'exemple ; si elle « n'avait pas ses grands Papes, il lui aurait suffi « de ses Sœurs de charité de Saint-Vincent de « Paul, de tant d'autres, dont la vie tout entière est « faite de véritables prédications et d'immortels « exemples. »

Enfin, de retour de Rome, il nous apprend que « Léon XIII était un grand chef, un grand conduc- « teur d'hommes en matière politique ; c'était la tête « et le corps de la pensée humaine, chef de naissance, « chef hiérarchique par ordre de Dieu, de ce parti « conservateur qui a pour mission d'écraser en ce « monde l'anarchie et le matérialisme. »

Avant lui, Jules Simon, l'ancien ministre de l'Instruction publique, nous avait déclaré qu'il faut enseigner à l'école l'idée de Dieu, parce qu'elle est compatible avec l'idée morale.

Voici maintenant une statistique très instructive qui finira d'édifier les indifférents sur l'obligation de l'enseignement et de la pratique de la vie chrétienne dans la société.

Progrès de la criminalité de la jeunesse en France.

1831 à 1855. *Augmentation.* La direction de l'instruction publique a été retirée à l'Eglise.	La criminalité a passé de 113.000 à 280.000.
1855 à 1860. *Diminution.* Rétablissement de l'organisation religieuse.	La criminalité a passé de 280.000 à 266.000.
1861 à 1870. *Augmentation.* Entraves à l'action religieuse à l'école.	La criminalité a passé de 266.000 à 283.000.

1871 à 1875. *Diminution.* Loi Falloux au profit de l'Eglise.	La criminalité a passé de 283.000 à 250.000.
1876 à 1905. *Progression effrayante.* Régime antireligieux. Laïcisations.	La criminalité a passé de 250.000 à 556.000.

Enfin, pour prouver que l'éducation chrétienne est indispensable pour constituer une société capable de vivre moralement et de se développer économiquement, il nous suffit de rappeler ici à nouveau le rôle bienfaisant que la charité chrétienne, telle quelle est ordonnée par Dieu, doit jouer dans les questions sociales.

La religion nous enseigne que tous les biens de la terre appartiennent à Dieu seul, et que si ceux qui les possèdent ici-bas ont le droit absolu d'en user pour eux-mêmes, sans toutefois en abuser, ils ont cependant le devoir rigoureux d'aider avec le superflu ceux qui souffrent et de faciliter, dans une certaine mesure, ceux qui doivent travailler pour gagner leur pain quotidien.

Par conséquent, la charité chrétienne solutionnera une grande partie des problèmes sociaux dans l'intérêt général, du jour où chacun comprendra que la charité chrétienne n'est pas du tout une aumône, qui peut blesser une âme malheureuse, mais un don précieux et bienfaisant venant de Dieu, et que par suite celui qui possède n'est qu'un simple mandataire de la Providence, chargé de la délicate et rigoureuse mission de consoler et de guérir ceux qui souffrent, et d'alléger le poids de ceux qui travaillent.

Dans ces conditions, celui qui reçoit doit être reconnaissant envers celui qui lui tend affectueusement la main, qui le soutient, car tous les deux doivent s'aimer, en faisant ensemble la volonté de Dieu.

De la sorte, pour les chrétiens, il n'y a pas de haine possible entre le capital et le travail, entre celui qui possède et celui qui peine, puisque les inégalités ou les injustices apparentes et nécessaires de la vie humaine doivent être sans cesse diminuées et souvent même effacées par cette fée bienfaisante, appelée la charité chrétienne, telle que nous venons de la définir.

Le rôle bienfaisant du régime catholique belge et des œuvres catholiques belges pour la solution pratique des questions sociales.

Si pour achever de nous convaincre, nous avons besoin d'un exemple pratique d'ordre, de discipline et de vertus sociales et chrétiennes, nous allons étudier l'organisation et le rôle bienfaisant des œuvres catholiques, en Belgique, avant la guerre actuelle, et nous trouverons, dans cette étude, un programme pratique et utile pour la solution des questions sociales.

En effet, les Belges ont très sagement compris que, tant qu'ils ne manifesteraient pas par des actes extérieurs leur foi et leur existence réelles, tant qu'ils ne sauraient pas grouper les œuvres pour en imposer aux adversaires et au peuple, et tant qu'ils n'auraient pas su étendre leur contrôle constant et leur autorité effective sur tous les points du sol belge, grâce à une propagande pratique, ferme et intelligente, sous la direction d'hommes unis et de volonté, ils resteraient, quoique le nombre, sous la domination humiliante d'un groupe dangereux de sectaires, qui amèneraient la patrie à la catastrophe finale.

C'est pourquoi quand, vers 1880, la Belgique vota, dans une heure de folie, la loi de laïcisation de l'école, alors que jusqu'à ce jour l'enseignement primaire chez elle comportait l'instruction de la morale et de la religion, les catholiques belges, devant cette violation flagrante de la liberté de conscience, s'indignèrent et prirent l'engagement d'honneur de combattre sans faiblesse cette loi inique et néfaste.

L'ordre fut donné partout de déserter l'école publique, et, aussitôt, s'ouvrirent de nombreuses écoles privées.

Et, dès 1884, aux élections législatives, les promoteurs de cette fameuse loi impie furent chassés et les catholiques prirent le pouvoir, qu'ils ont gardé pendant plus de 30 ans.

Voilà un bel exemple de groupement, de volonté et de dignité morale, qui prouve bien que nous pouvons nous imposer, quand nous le voulons.

Examinons maintenant le programme intelligent, pratique et bienfaisant, conçu par ces catholiques actifs et le bien considérable qu'ils ont fait, pour la gloire de l'Eglise et la grandeur de la Belgique, pendant cette longue période.

Notons tout d'abord qu'en toutes circonstances, les catholiques belges ont été d'une impartialité parfaite et d'une honnêteté politique indiscutable ; mais, s'ils ont respecté les droits de chacun, ils n'ont jamais permis qu'on touche à la liberté de conscience, et surtout à leurs convictions religieuses.

Dès leur arrivée au pouvoir, les catholiques firent voter deux lois importantes :

a) La loi pour reprendre les rapports diplomatiques avec Rome ;

b) La loi concernant l'école.

Il fut décidé, ensuite, que, conformément à la justice, à la liberté et à l'esprit de tolérance, chaque commune aurait le droit de voter soit pour une école publique, soit pour une école privée et que, dans la suite, la liberté de conscience de chaque citoyen y serait respectée.

Le parti catholique fit adopter le vote plural, par lequel le citoyen belge, dès l'âge de 25 ans, avait à sa disposition une ou plusieurs voix comme électeur, selon qu'il était père de famille, et avait des charges, qu'il occupait certains postes ou possédait certains diplômes.

Et, comme complément de cette loi, il fit voter la représentation proportionnelle, ce qui, en la circonstance, est une œuvre de grand désintéressement et de haute justice, puisque cette loi donnait aux adversaires une chance considérable aux élections, alors que le parti catholique commençait, à ce moment-là, à se diviser sur la question des provinces.

Les catholiques décrétèrent le service militaire obligatoire, ce qui était contraire à leurs intérêts agricoles.

Enfin, les catholiques comprirent que, pour arriver à un résultat pratique, une union générale et une organisation très puissante et très disciplinée s'imposaient sous la direction d'hommes compétents et consciencieux.

Aussitôt, tous les catholiques, laïques et religieux, se groupèrent, centralisèrent leurs forces, et, d'un commun accord, ils commencèrent une propagande active et suivie auprès des masses, sur les questions sociales, morales, politiques et religieuses.

Dans chaque village, une ligue fut fondée sous le contrôle d'un comité, qui recevait son mot d'ordre des réunions provinciales annuelles.

Ces groupes, bien disciplinés, exercèrent une influence directe et très salutaire sur l'éducation et l'instruction de l'enfant par l'école, sur le jeune homme par le patronage et sur le père de famille par les mutuelles et par les caisses de crédit.

Puis, ils attachèrent une grande importance à l'instruction populaire, et décrétèrent que, par respect pour la liberté de chacun, l'Etat subventionnerait chaque école, soit laïque, soit religieuse, que la commune aurait adoptée.

Ce bel exemple de tolérance et de probité fit une impression considérable sur le peuple, et il s'ensuivit que, devant cet acte de grande liberté, chacun des adversaires chercha à faire mieux dans son école, pour mériter la confiance des parents et en vue aussi d'étendre son inflence politique.

Les catholiques, toujours par esprit de sagesse et de justice, décidèrent que, puisque l'Etat obligeait l'enfant à aller à l'école, il devait subvenir, en toute justice, aux besoins de l'écolier, et aussitôt ils ordonnèrent la création de cantines scolaires, de telle sorte que le parti catholique et le parti socialiste rivalisèrent de zèle entre eux dans l'intérêt de l'enfant, et ces cantines, parfaitement organisées, prirent bientôt un développement considérable.

Le parti catholique comprit aussi qu'il ne suffisait pas de donner à l'enfant, à l'école, la nourriture de l'esprit et du corps, mais qu'il fallait lui assurer un avenir au sortir de cette école; c'est pourquoi furent institués partout des ateliers d'apprentissage et des patronages pour l'instruction professionnelle.

C'est alors que de nombreuses écoles professionnelles d'agriculture surgirent de tous côtés, sous la direction de professeurs très experts, lesquels faisaient dans la campagne des cours pratiques; de même, bientôt, des écoles ménagères ambulantes parcoururent les villages pour instruire les fermiers et les paysans.

Enfin, la protection ouvrière fut admirablement organisée, grâce à plusieurs lois ouvrières très intelligemment conçues et préparées avec le plus grand soin par des hommes de valeur, et des compétences connues.

Il est utile de faire remarquer ici combien grande était la sagesse des pouvoirs publics qui, avant de préparer une loi ouvrière, prenaient toujours le soin de consulter le Conseil supérieur du travail, composé de 16 patrons, de 16 ouvriers et de 17 personnages connaissant les questions économiques.

C'est ainsi que toutes les grandes questions sociales concernant les salaires, la condition des travailleurs dans les usines, les établissements insalubres dangereux, les logements d'ouvriers, les accidents de travail, le repos hebdomadaire, le travail de nuit, etc..., furent réglés par des lois sagement préparées et votées en connaissance de cause.

Voilà en quelques lignes le programme d'économie sociale que les catholiques belges ont moralement conçu et religieusement pratiqué pendant trente ans.

Maintenant, il est nécessaire de faire remarquer qu'au moment où les catholiques belges prirent le pouvoir, l'anarchie et le désordre régnaient partout dans le pays ; car les grèves se succédaient dans les charbonnages et une lutte violente existait entre les partis, ce qui rendait la vie impossible et dangereuse.

C'est alors que, pour remédier à ce déplorable état de choses, ils créèrent une organisation permanente de conciliation, appelée le « Conseil de l'industrie et du commerce », lequel apporta son intelligence et son dévouement à l'élaboration de toutes les grandes questions sociales, afin d'arrêter les mouvements dangereux du socialisme et d'aider les travailleurs à devenir propriétaires.

En effet, de nombreuses sociétés de crédit se formèrent, qui s'occupèrent de la construction des habitations à bon marché, de telle sorte que l'ouvrier, désireux de devenir propriétaire, n'avait qu'à s'adresser à une de ces sociétés, laquelle lui prêtait

9/10 de la valeur de la propriété à acquérir, ce qui permettait à l'ouvrier d'en devenir possesseur en 5, 10, 15 ou 20 ans, en versant une annuité inférieure au prix de la simple location habituelle.

Ainsi, en moins de 20 ans, on a construit 150.000 maisons d'ouvriers, absolument saines et propres, et qui appartiennent aujourd'hui aux ouvriers.

A la campagne, des ligues de paysans se formèrent :

1° Pour protéger la petite et la moyenne culture et assurer le bien-être aux paysans ;

2° Pour accorder des crédits aux cultivateurs ;

3° Pour les assurer contre le morcellement du bétail, contre la grêle, et leur faciliter, à meilleur prix, l'achat des engins dont ils pouvaient avoir besoin.

Partout se dressèrent des syndicats agricoles et des coopératives de production et de consommation.

Et près de Gand, une coopérative, qui avait commencé en 1881 avec 67 fr. 50 de capital, a distribué en bénéfices, en 1913, une somme de 600.000 fr.

Par conséquent, on peut affirmer que les catholiques ont contribué au bien-être de l'ouvrier et du travailleur, en l'instruisant, en l'éclairant et en développant, par ce grand mouvement coopératif, l'amour de l'épargne et tout spécialement en faisant échouer le mouvement socialiste anarchiste, qui est toujours un danger public, car il vit du désordre.

Les catholiques se sont donc occupés utilement :

1° Du travailleur,

2° De l'artisan,

3° Du petit commerçant,

auxquels ils ont assuré le bien-être, en les aidant à vivre, grâce aux cours d'apprentissage et à la création d'expositions fréquentes.

Ils ont fait plus encore : ils ont lutté contre l'alcoolisme, en propageant parfout les œuvres antialcooliques.

Enfin, ils ont assuré l'avenir de tout travailleur, grâce à la loi sur la pension de vieillesse, qui accordait des primes annuelles aux personnes qui s'étaient assurées soit à la caisse générale des retraites, soit à une caisse de secours mutuels reconnue.

Nous devons faire remarquer que cette loi sur l'assurance était essentiellement libérale, puisqu'elle n'imposait pas l'obligation de s'assurer, mais récompensait seulement celui qui s'était assuré, ce qui est un encouragement à l'épargne volontaire et personnelle.

Mais, à côté de ces œuvres sociales, qui s'occupaient de la vie matérielle, les catholiques ont fondé aussi de nombreuses œuvres spirituelles et religieuses, qui moralisèrent les masses et firent à ces dernières un bien considérable.

C'est le Père Rutten, qui créa l'œuvre des retraites fermées, lesquelles, chaque année, pendant trois jours, réunissaient à la ville et au village les riches et les pauvres, les patrons et les ouvriers, pour entendre la parole de Dieu et méditer sur leurs devoirs religieux et sociaux.

Maintenant, si nous cherchons les vraies causes de ces succès pratiques, qui ont été considérables pour la Belgique entière, et pour les catholiques belges, et qui ont eu des effets si importants et si bienfaisants pour les ouvriers, nous les trouvons :

1° Dans la discipline et le groupement des œuvres catholiques en un centre connu ;

2° Dans la propagande extérieure qu'ils firent de leurs doctrines pour impressionner favorablement le peuple et pour combattre leurs adversaires ;

3° Dans la compréhension intelligente et pratique de la direction des œuvres.

En résumé, si les catholiques belges ont fait des œuvres prospères et ont eu la victoire, c'est parce qu'ils ont compris, dès le début, et mis en pratique les préceptes suivants :

1° Que toutes les œuvres ont besoin de se connaître et d'être connues pour s'imposer, et qu'elles doivent manifester extérieurement leurs forces réelles ;

2° Que puisque la direction des œuvres demande un travail énorme, en même temps que des connaissances spéciales, il ne faut pas confier à de simples amateurs le soin de diriger une œuvre, mais à des professionnels, qui sont aptes à la solution des questions sociales, politiques, morales et religieuses, et qui leur consacreront leur temps et leur intelligence ;

3° Qu'en conséquence, il faut, pour atteindre le but désiré, choisir de vrais directeurs d'œuvres et savoir les payer très largement, afin non seulement d'assurer à l'œuvre la fixité et la continuité de l'effort, mais aussi afin de permettre à ses directeurs d'être indépendants, et d'exercer autour d'eux une influence sociale salutaire, ce qui est une vérité élémentaire, malheureusement tout à fait incomprise en France.

C'est pourquoi les œuvres doivent habiter dans des locaux convenables, et non dans des logements restreints et insalubres. De même, l'homme d'œuvre ne doit pas avoir une situation, un prestige et un crédit extérieurs inférieurs à ceux de l'adversaire, s'il veut réellement s'imposer; c'est du reste ce qu'avaient bien compris les catholiques belges, et c'est ce qui a fait leur succès auprès des masses populaires ;

4° Qu'enfin l'influence du clergé doit s'exercer à côté de celle du laïque, sans que l'une nuise à l'autre, car, plus que jamais, le laïque doit aider le prêtre à vaincre l'indifférence ou l'hostilité des masses : c'est de cette collaboration complète et de cette union constante que sortira le bien social et moral.

En effet, en Belgique, le prêtre était, dans tous ces groupes, un ami et un collaborateur, mais cependant il ne s'immisçait jamais dans la direction elle-même. De telle sorte que le clergé, ainsi secondé par des laïques et des hommes d'œuvres, avait une influence religieuse et morale importante, tout en laissant à chacun sa liberté d'action.

Cette étude, bien que rapide, nous prouve que l'Eglise est donc capable, non seulement de discuter avec intelligence et d'une façon pratique toutes les questions sociales, mais qu'elle seule a l'autorité morale nécessaire pour les résoudre avec justice et utilité dans l'intérêt général.

C'est pourquoi, en Belgique, des syndicats catholiques très puissants se sont dressés en face des syndicats socialistes et, par leur organisation sociale très libérale, mais très fermement catholique, ils ont pu ainsi pénétrer dans les classes populaires et conquérir une influence salutaire et prépondérante, et s'attirer l'admiration de leurs adversaires.

A ce sujet, le chef et leader du parti socialiste en Belgique, M. Vandervelde, parlant du parti catholique et de ses œuvres, s'exprime ainsi :

« J'ai peine à me défendre de la sympathie que « j'éprouve pour ces milliers de religieux qui ont « abandonné les plaisirs et les joies du monde pour « se consacrer à leur idéal, pour soigner les vieillards « et les malades, pour recueillir les orphelins, pour « aller mourir au loin parmi les cholériques et les « lépreux, pour ordonner à tous les hommes de « s'aimer comme des frères.

« On m'objectera, sans doute, que la conduite de « ces hommes est guidée par le mobile des récompenses ? »

« Peut-être bien, et je peux penser qu'il y a une « morale supérieure à celle-là,

« Mais, est-ce une raison d'outrager leurs « croyances ? »

Par conséquent, pour nous résumer, nous pouvons affirmer maintenant que, si les catholiques de France veulent faire une œuvre durable et efficace, ils doivent suivre la marche triomphante des catholiques belges, en imitant leurs exemples de discipline, d'union et de manifestation extérieure, en se groupant et en se centralisant suivant le plan que nous avons déjà exposé.

Du reste, l'Action sociale de Versailles, dirigée par M. le chanoine Lebeau, est un exemple frappant et éloquent de ce que peuvent faire de bien les catholiques qui veulent obéir à une direction intelligente, consciencieuse et prévoyante, en suivant un programme très net ; et combien grandes sont leur autorité et leur puissance à l'extérieur et même chez les adversaires, quand ils savent centraliser leurs forces et unir leurs efforts.

En effet, l'Action sociale catholique de Versailles est partie de ce principe, qui est le nôtre et que beaucoup trop d'œuvres semblent oublier, à savoir, que l'homme est composé d'un corps et d'une âme ; qu'il faut donc l'assister dans sa vie matérielle et dans sa vie spirituelle, et que la religion bien comprise doit s'intéresser à ces deux points de vue, comme le Christ l'a fait lui-même.

Et aussitôt elle a organisé des services très importants, qui répondent à toutes les nécessités, à tous les besoins et à toutes les misères de la vie humaine, donnant ainsi la preuve éclatante de l'intérêt que l'Eglise porte à tous les problèmes de la vie, et de la façon pratique et utile dont elle s'en occupe, et peut résoudre les questions sociales et économiques au mieux des intérêts de tous.

Il était indispensable que cette expérience pratique fût tentée par l'Action sociale de Versailles, qui a obtenu sur tous les points un succès complet et indiscutable, devant lequel tout le monde s'incline aujourd'hui avec admiration.

Consultations et renseignements sur les questions juridiques, militaires, fiscales, industrielles et agricoles.

Renseignements pratiques sur les questions de protection et de défense des droits de l'homme, du chrétien, du citoyen et de la famille.

Propagandes au moyen du journal, du livre, des tracts et de la conférence.

Placement et assistance par le travail, retour à la terre, conseils pour la fondation et la prospérité des œuvres chrétiennes, des œuvres d'éducation et d'enseignement, des œuvres de jeunesse et de persévérance, des œuvres charitables et des œuvres sociales, avec modèles de syndicats, de coopératives et d'institutions.

Ensuite consultations et renseignements pratiques sur l'application des lois sociales si nombreuses et si nécessaires, mais très difficiles à connaître et à manier.

Et enfin, création des œuvres de guerre, œuvres des veuves et des orphelins, avec l'appui des lois existantes, dont l'Action sociale a su se servir avec tant d'intelligence dans l'intérêt général.

Les questions sociales.

Nous avons dit que les catholiques n'empêcheront le vote des mauvaises lois, qu'en opposant, au moment opportun, aux mauvais projets, des contre-projets utiles, fortement documentés, et contresignés par des compétences indiscutables, et nous avons ajouté que, cependant, s'ils ne réussissaient pas, dès le début de leurs revendications, ils n'avaient pas le droit de rejeter, sans un examen très approfondi, ces lois, bien que mal conçues.

Nous allons en indiquer les raisons.

Si tous les hommes de bien, sans exception, ont le devoir de conscience de se prêter aide et assistance, et de collaborer sans cesse aux œuvres utiles et bonnes, beaucoup trop d'entre eux se désintéressent des efforts considérables que certains font à côté d'eux, et ignorent le travail extrêmement dangereux que les adversaires exécutent contre les intérêts sacrés de la patrie et de l'Eglise, c'est-à-dire contre nous tous.

C'est une faute impardonnable, car nous sommes tous solidaires les uns des autres.

Mais, s'il faut éviter, avant tout, de laisser voter une loi impie en agissant en temps utile, il est sage, cependant, quand cette dernière est promulgée, de chercher à en tirer, tout au moins, le meilleur résultat possible dans l'intérêt général; sinon, on laisse les méchants s'en servir seuls contre le bien public.

C'est pourquoi, il faut créer sans tarder de nombreux syndicats professionnels et d'associations libres ou reconnues, afin d'augmenter les groupements légaux, et de tirer des lois sociales tous les avantages qui peuvent en découler dans l'intérêt du capital et des travailleurs, ainsi que dans celui de la morale et de la charité; l'exemple de l'action sociale de

Versailles nous confirme à nouveau dans notre opinion.

En effet, si depuis longtemps les hommes de bien et les catholiques, au lieu de se diviser, s'étaient spécialisés dans les questions sociales et juridiques et avaient centralisé leurs forces, ils auraient été éclairés sur leurs droits et leurs devoirs et sur la valeur réelle de toutes les lois sociales bonnes ou mauvaises. Ils auraient ainsi formé une immense armée invincible, qui aurait pu empêcher le vote de nombreuses lois néfastes ; ils se seraient ensuite imposés aux adversaires, et auraient tenu en échec les socialistes, en barrant la route aux internationalistes révolutionnaires, car nous sommes le nombre et la force morale, quand nous le voulons réellement.

Mais pour cela, il est nécessaire d'avoir un lieu connu de réunion, une direction active et éclairée et une volonté certaine et clairvoyante, qui élaboreront un véritable programme social et pratique, et qui pourront ainsi fournir à tous d'utiles renseignements à l'heure voulue sur toutes les questions sociales.

Pourquoi ne nous sommes-nous pas servis plus souvent de la loi de mai 1916 sur les œuvres de guerre, au lieu de laisser, sans raison et imprudemment, les adversaires recevoir seuls des dons, des souscriptions et des indemnités françaises et étrangères, au profit de leurs doctrines et de leurs œuvres personnelles ?

Dans tous les cas, sachons mettre à profit dès maintenant les lois de mars 1884 et de juillet 1901 sur les syndicats et les associations, et même la loi de mai 1916 sur les œuvres de guerre, ainsi que les lois existantes pour augmenter :

1° Nos œuvres d'enseignement avec les associations des chefs de famille, les amicales de l'enseignement libre, l'enseignement ménager, la mutualité scolaire ;

2° Nos œuvres de jeunesse, nos œuvres d'adultes, avec les patronages et les ligues diverses ;

3° Nos œuvres de propagande, avec les bibliothèques populaires, les tracts et les conférences ;

4° Nos œuvres familiales, avec la société des habitations à bon marché, grâce aux sociétés de construction et aux sociétés de crédit ; avec la société des restaurants populaires, les colonies de vacances, le repos du dimanche.

5° Nos œuvres professionnelles, avec les associations de patronage des apprentis, les syndicats patronaux, les syndicats d'ouvriers, les syndicats mixtes de conciliation et d'arbitrage, les syndicats féminins, les coopératives de production et de consommation ;

6° Nos œuvres agricoles, avec les associations et les syndicats agricoles, les coopératives et les mutuelles agricoles ;

7° Nos œuvres de mutualité et de prévoyance, nos œuvres d'assistance privée, concernant la maternité, l'enfance, le travailleur, le vieillard, etc... ;

8° Nos œuvres de guerre, avec leurs applications multiples.

C'est donc tout un travail d'ensemble qu'il faut préparer, d'une façon pratique, pour obtenir un véritable succès, et faire un bien réel autour de nous ; mais pour arriver à ce résultat il faut enseigner à tous ce qu'ils peuvent et doivent faire, en leur apprenant à se servir des lois les plus utiles, dont ils n'usent pas, parce qu'ils les ignorent.

En effet, où voulez-vous que le peuple et le travailleur puissent se renseigner et être renseignés utilement et moralement, puisque nous-mêmes, bien souvent, nous ne savons pas où aller pour nous documenter d'une façon complète et rapide sur nos droits et sur nos devoirs ?

Il est temps cependant que nous fassions œuvre utile, et que nous imitions nos adversaires dans ce qu'ils ont de bon, c'est-à-dire dans leur organisation, car la lutte sera terrible après la guerre !

Si les questions sociales et économiques sont actuellement nombreuses, elles le seront encore davantage après la guerre ; c'est pourquoi nous devons tous nous familiariser avec elles et secouer la torpeur de ceux qui restent indifférents devant le mouvement qui se dessine.

La femme de demain aura besoin elle-même d'une éducation sociale plus complète, parce qu'elle va être appelée à vivre, à côté de sa vie d'épouse et de mère, sa vie sociale de citoyenne.

Mais si en principe nous sommes opposés au droit de vote donné à la femme, cependant une exception pourrait être faite en faveur seulement des veuves ayant des enfants, et jusqu'à la majorité des fils, afin que la famille, principe de la société, soit toujours représentée.

Nous croyons nécessaire d'appeler à nouveau l'attention des hommes d'œuvres et des catholiques sur certaines lois sociales pratiques qui sont encore trop ignorées du public, et dont nous pouvons cependant tirer un très grand profit, dans l'intérêt général,

Il nous suffira d'en mentionner quelques-unes :

Loi du 10 avril 1908 pour la création de sociétés de crédit immobilier dans le but de faciliter aux ouvriers des villes et des campagnes l'acquisition d'un champ ou d'une maison d'habitation pour la famille.

Loi du 12 juillet 1909 sur la constitution de biens de famille, pour la protection et la défense du foyer et de la famile.

Loi du 19 mai 1910 concernant les petites propriétés rurales.

Loi du 14 juillet 1913, et des 2 et 4 décembre 1913, sur l'assistance aux familles nombreuses, pour combattre la dépopulation, et sur les logements à bon marché de ces familles.

Et tant d'autres lois ou décrets concernant :

La construction des maisons à bon marché pour logements dans un immeuble collectif, ou pour acquisition d'une habitation privée.

La législation des habitations à bon marché avec avantages spéciaux en matière de succession ou d'indivision.

L'encouragement à la petite propriété, avec prêts individuels.

Les syndicats professionnels avec contrats collectifs du travail,

La loi du 10 juillet 1915 sur les salaires dans l'industrie du vêtement.

Caisses d'épargne nationales ou privées.

Les mutualités familiales, scolaires ou paternelles (1898).

Les coopératives de consommation, — de production, — d'ouvriers, — agricoles, — de crédit, de crédit agricole, de crédit urbain, — les sociétés de caution mutuelles.

Les banques populaires, et combien d'autres !.....

Enfin, les lois sur les associations, les syndicats et les apprentissages ; sans compter celles sur les œuvres de guerre !

C'est par l'étude et la propagation constante de toutes ces lois que nous ferons vraiment œuvre sociale de bons chrétiens et de bons Français, et que nous pourrons lutter utilement contre les adversaires.

Il serait nécessaire aussi de constituer, dès maintenant, un comité de dames, qui arrêterait un programme type de conférences sur les droits et les devoirs de la citoyenne, et de commencer l'éducation sociale de la femme par une série de conférences populaires tant à la ville qu'à la campagne,

Les syndicats. — Patrons. — Ouvriers. — Salaires. — Brevets de capacité.

Mais il ne suffit pas de créer des syndicats professionnels, patronaux et ouvriers pour résoudre la question sociale, il faut, avant tout :

1° Que ces syndicats comprennent le rôle important et bienfaisant qu'ils doivent jouer, et qu'à cet effet ils étudient avec un esprit de parfaite justice et de grande impartialité les diverses questions de louage, et en particulier celle du salaire;

2° Que ces syndicats acceptent de se soumettre amiablement à l'autorité d'une commission intersyndicale d'arbitrage, qu'ils nommeront eux-mêmes, et qui sera chargée de les concilier et de les partager en cas de conflits, et spécialement de contrôler et d'arrêter leurs divers règlements dans l'intérêt général du capital et du travail.

A ce sujet, il est utile de rappeler que Léon XIII, dans ses encycliques, a traité toutes ces questions avec une autorité pratique parfaite, et que c'est lui qui a préconisé, il y a déjà vingt ans, la constitution de comités mixtes de patrons et d'ouvriers, par profession et par région, pour fixer le salaire minimum des ouvriers dans chaque catégorie de travail, d'après la capacité moyenne du travailleur dans chaque corps de métier, et d'après sa valeur professionnelle et le rendement que ce dernier est capable de donner.

Par conséquent, la thèse du salaire unique pratiquée jusqu'à nos jours et soutenue, du reste, par les exploiteurs du socialisme, qui vivent de l'agitation perpétuelle et de la surenchère électorale, est essentiellement injuste et contraire à tout esprit d'équité :

1° Parce qu'elle nuit gravement aux intérêts des ouvriers travailleurs et consciencieux qui, produisant mieux que les autres, devraient avoir une paie supérieure ;

2° Qu'elle favorise, par contre, les paresseux et les incapables ;

3° Qu'elle supprime, de ce fait, tout désir d'effort et toute tentative de progrès ;

4° Qu'elle est enfin préjudiciable aux patrons, qui paient trop cher un objet plus ou moins mal fait, ce qui augmente d'autant ses frais généraux, au détriment de l'acheteur ;

5° Qu'elle est aussi la cause directe et anormale d'un renchérissement de la vie matérielle, ce qui enraye les transactions commerciales.

Les syndicats doivent donc s'inspirer de l'esprit de la loi, qui les a créés, pour rester des mandataires et des conseillers sages et prudents pour la défense, la protection et la conciliation, et non pas pour obéir servilement à des arrivistes et à des sectaires, qui les flattent constamment, proclament la lutte des classes et excitent les uns et les autres à la haine, dans le but d'exploiter la situation, et de tirer des bénéfices importants de ces troubles existants, qui tuent la vie économique de la nation.

C'est aux syndicats qu'il incombe en conséquence aujourd'hui :

1° D'établir, suivant la doctrine de Léon XIII, la base d'un salaire équitable, suivant la capacité productive du travailleur, selon son aptitude et son habileté professionnelle ;

2° De créer des commissions mixtes, chargées de fixer définitivement le montant du salaire par région et par corps de métier, et de régler à l'amiable tous conflits ;

3° De délivrer aux travailleurs un brevet de capacité, après un examen passé devant les commissions mixtes de patrons et d'ouvriers, de telle sorte que l'ouvrage soit dorénavant fait dans les meilleures conditions et avec toutes les capacités requises dans l'intérêt commun, et dans celui de notre développement économique, en vue de la concurrence étrangère, et qu'il soit payé à l'ouvrier, en rapport avec le travail exécuté, ce qui est de toute justice.

Du reste, ces chambres syndicales opèrent déjà dans certaines usines et fonderies métallurgiques en Angleterre, et donnent d'excellents résultats pratiques.

Par conséquent, du jour où fonctionnera d'une façon normale cette organisation syndicale, qui s'impose d'elle-même, les bons ouvriers et les patrons intelligents et consciencieux bénéficieront d'avantages sérieux et n'auront plus à redouter les conflits et les sabotages, et les influences néfastes des meneurs de grèves, qui ont été, du reste, la cause directe de tant de ruines dans les affaires industrielles, commerciales et financières; à ce moment-là toute la vie économique reprendra son essort, et prospérera à nouveau.

Mais pour arriver à ce résultat, il faut :

1° Créer des syndicats très puissants et essentiellement professionnels sans attaches politiques, qui puissent posséder des biens importants, et qui puissent imposer leur volonté, lutter contre les grèves et faire respecter leurs décisions et celles des arbitres, en cas de litige;

2° Etablir en toute liberté le contrat collectif de travail, comme cela existe en Angleterre, le propager le plus possible, pour qu'il puisse rendre de réels services au patron et à l'ouvrier, et non pas, comme cela est pratiqué chez nous, à la suite de grèves ou de conflits.

En un mot, il faut aujourd'hui instituer pour le patron et le travailleur des instruments d'union et de paix, qui serviront en toute justice les intérêts du capital et du travail.

Les corporations et les conféries au moyen âge.

Souvenons-nous combien important et bienfaisant a été le rôle des corporations industrielles et des confréries religieuses au moyen âge, et dans les siècles suivants, ainsi que les services considérables que ces dernières ont rendu, tant aux arts, à l'industrie et au commerce, qu'aux compagnons et aux artisans, car c'est à elles qu'on doit le contrôle sévère sur le travail, et le développement constant du goût artistique en France, pendant que des secours matériels et des consolations morales étaient réservés aux membres malheureux et souffrants de ces groupements ; c'est grâce aussi à la sagesse et à la prévoyance de leurs statuts, qui étaient de véritables petits chefs-d'œuvre de législation, que l'artisan pouvait atteindre un degré déterminé de perfection et que l'apprenti acquérait son brevet de capacité après avoir subi l'épreuve difficile du chef-d'œuvre.

La corporation devait aussi, sous l'influence heureuse de clauses chrétiennes insérées dans les contrats, se constituer en confrérie sous le patronage d'un saint, pour venir en aide à toute infirmité et à toute douleur morale et physique de leurs membres.

C'est ainsi que les artisans, unis par ce double lien de la corporation, société industrielle, et de la confrérie, société pieuse, devenaient de bons chrétiens, d'honnêtes citoyens et des travailleurs intelligents et consciencieux, parce qu'ils apportaient dans leurs travaux une science, une honnêteté et une probité professionnelles, alors qu'ils étaient protégés, défendus et secourus d'une façon effective et morale.

C'est du reste pour ces raisons, que nous leur

devons toutes ces merveilles d'art, si recherchées de nos jours, car, autrefois, il n'était pas permis de mal faire et de mal fabriquer, sans encourir des pénalités sévères et des confiscations immédiates.

Par conséquent, nous n'avons pas le droit aujourd'hui, où il faut nous préparer à la lutte économique, d'oublier toutes les sages prescriptions du passé, et de ne pas chercher, dans les statuts de ces confréries et de ces corporations, certains renseignements, qui nous seraient très utiles, surtout en ce qui touche l'apprentissage, le chef-d'œuvre à faire et le brevet de capacité à obtenir, en vue même de la fixation du salaire minimum.

Comme nous l'avons déjà dit, il est temps de combattre les errements d'hier et ceux d'aujourd'hui, et de pratiquer ce qui se passe déjà dans certaines usines anglaises et dans certaines maisons de commerce de France, qui ont suivi, depuis plusieurs années, avec succès, les sages instructions de Léon XIII sur ces graves sujets.

Le chrétien et l'Eglise ont le devoir de s'occuper des questions sociales, politiques et juridiques.

Nous devons combattre aujourd'hui, plus que jamais, une erreur grossière et mensongère répandue par nos adversaires pour tromper indignement les milieux populaires, à savoir que l'Eglise doit rester seulement dans le domaine religieux, et qu'elle n'a pas le droit de s'immiscer dans les questions sociales, politiques et juridiques, qu'en un mot la vie sociale doit être tout à fait séparée de la vie chrétienne.

Non seulement cette théorie est abolument fausse, mais elle est contraire au droit et à la justice, et de plus elle est nuisible aux intérêts mêmes de la société et à la liberté du citoyen.

En effet, il nous est fait un devoir impérieux de rendre à César ce qui appartient à César, à la condition toutefois de rendre en même temps à Dieu ce qui appartient à Dieu ; de plus, nous avons l'obligation, au point de vue religieux, de faire notre salut par nos moyens naturels, c'est-à-dire en remplissant librement tous nos devoirs d'état et de citoyen.

Par conséquent, nous ne pouvons ni ne devons nous désintéresser d'aucune question sociale, politique et juridique ; et si, par indifférence ou par ignorance, nous ne remplissons pas tous nos devoirs sociaux, non seulement nous ne faisons pas, en conscience, acte de vrais et de bons citoyens, mais nous devenons les complices responsables de ceux qui trahissent scandaleusement les intérêts de la société, et, de ce fait, nous sommes, au point de vue social, de très mauvais citoyens, dont la culpabilité est certaine, et, au point de vue religieux, des chrétiens gravement coupables, puisque nous sommes la cause directe ou indirecte des fautes commises et des lois funestes, qui portent atteinte à la bonne marche des affaires politiques et au libre exercice de la vie chrétienne.

Nous sommes donc amenés à conclure, en toute logique, en droit et en morale, que la vie sociale du citoyen et la vie religieuse du chrétien doivent être menées de pair, et que leurs actes ne peuvent pas être séparés, puisque nous devons tous faire notre salut par nos moyens naturels.

Il en résulte que l'Eglise, qui représente l'ensemble des chrétiens, n'a pas seulement le droit de s'occuper des questions sociales et politiques, mais qu'elle en a le devoir impérieux, de même que ses membres doivent connaître la loi civile et la loi religieuse, afin de conseiller et de diriger utilement le citoyen, qui est en même temps un chrétien, dans sa vie sociale et sa vie chrétienne.

Cette thèse, si vraie, gêne certainement les adversaires, qui vivent de l'ignorance et de la crédulité des masses populaires, mais elle doit s'imposer quand même, parce que la vérité est une, et que l'Eglise, loin d'être l'ennemie du peuple, est, au contraire, le modèle le plus parfait d'une République idéale, que le Christ lui-même a été le socialiste le plus aimable et le plus bienfaisant, et que sa doctrine, si douce et si consolante, est faite d'amour et de charité ; que, par conséquent, si l'Eglise ne condamne aucune forme gouvernementale, elle exige cependant de tout citoyen un esprit chrétien et la pratique de la vérité et des vertus sociales, et de tout gouvernement le libre exercice des droits et des devoirs de chacun, et des lois honnêtes et morales pour la protection et la défense du faible et de l'opprimé, de même qu'elle enseigne à tous, et surtout aux heureux de la terre, la pratique nécessaire et obligatoire de la grande charité chrétienne, pour le bien-être et le bonheur du travailleur et du pauvre, afin d'atténuer, dans une certaine mesure, les illégalités apparentes et les rigueurs douloureuses de l'existence humaine.

C'est pour ces raisons qu'à l'exemple de l'Action sociale de Versailles, dont le succès est complet, les hommes d'œuvres, les hommes de bien et de bonne volonté et les religieux doivent tous aujourd'hui s'occuper activement des questions sociales, les étudier avec un soin tout particulier, ainsi que les questions juridiques, afin de les enseigner et de faire connaître aux masses populaires leurs droits et leurs devoirs sociaux, dans le but d'obtenir un gouvernement intelligent, probe et vertueux, qui assurera à chacun de nous les moyens pratiques de vivre en toute liberté notre vie de citoyen et notre vie de chrétien, pour le bonheur et la prospérité de la famille et de la société.

Mais, encore une fois, il faut vouloir agir.

Les séductions naturelles du socialisme. Le socialisme chrétien.

N'en déplaise aux esprits chagrins, routiniers ou ignorants, auxquels la guerre et l'histoire n'ont rien appris, le socialisme a et aura toujours un attrait tout particulier non seulement pour les masses populaires, qui sont constamment à la recherche du bonheur, mais aussi pour tout être sensible susceptible de s'émouvoir devant les souffrances et les misères humaines, et de s'indigner devant les injustices réelles et même apparentes de la vie sociale, alors que les uns peinent sans cesse et luttent chaque jour, pendant que d'autres vivent en parfaits égoïstes ou en mauvais riches une vie scandaleuse d'opulence insolente et d'avarice sordide.

Comment s'étonner alors que le socialisme puisse dans ces conditions séduire ceux qui travaillent, tous les déshérités de la vie, ceux qui ont soif et faim de justice, et même les vrais disciples du divin Maître d'autant que le Christ a été en vérité le premier socialiste chrétien, et qu'il a enseigné dans ses Evangiles la sage et consolante doctrine du vrai socialisme.

Malheureusement, cette doctrine si belle en théorie est trop souvent viciée dans ses applications par les hommes, qui, loin de pratiquer les vertus chrétiennes, l'abnégation et la charité, n'ont qu'une idée : flatter les passions populaires, et exciter les classes les unes contre les autres dans un but immortel d'intérêt personnel.

C'est pourquoi notre devoir de citoyen et de

chrétien est actuellement de nous mettre courageusement à la tête de ce grand mouvement social, afin d'éclairer le peuple naïf et crédule, et d'opposer au socialisme moderne, qui est nettement révolutionnaire et international, c'est-à-dire qui est contraire à la sagesse et à la raison et qui nous amènera au bolchevisme, le socialisme chrétien qui doit rallier tous les hommes de bien et de bonne volonté, et qui doit servir de base à toute société modèle, puisqu'il enseigne la pratique de la vertu, des vertus sociales et de la charité chrétienne, sans lesquelles aucune nation ne peut vivre, se développer et prospérer normalement et moralement.

Et maintenant, reconnaissons que nous avons trop longtemps négligé l'éducation sociale du citoyen, ce qui nous a fait perdre toute autorité auprès de lui en même temps que nous nous désintéressions complètement des questions sociales, ce qui est une faute impardonnable, laissant ainsi se répandre parmi le peuple, sans les combattre, ces dangereuses théories révolutionnaires, qui, bien que fausses et pleines de haine, ont captivé l'esprit inquiet des ouvriers et des travailleurs désireux de liberté, alors qu'il eût fallu, au contraire. démasquer dès le début les manœuvres audacieuses et mensongères des arrivistes, qui ont cyniquement trompé les foules, en leur promettant un bonheur illusoire et immédiat, et en développant devant eux des principes d'émancipation à outrance, d'égoïsme et de révolte.

Les leçons à tirer de la guerre. Ses conséquences graves en France.

Cette guerre a détruit la vie de famille et bouleversé la vie sociale. De plus, elle a renversé à jamais les principes et les lois de la vie économique chez tous les peuples, et, ce qui est plus grave encore, la base des fortunes privées, qui représentent en réalité le crédit national de la société. Elle a enfin compromis pour longtemps l'ordre social et les principes fondamentaux de la société.

Elle a, de plus, déterminé, sous l'inspiration malsaine du socialisme allemand, le réveil d'un grand mouvement de socialisme révolutionnaire international, ce qui est extrêmement inquiétant, en favorisant ainsi toutes les basses passions de haine et d'égoïsme des masses et des foules, dont profitent les arrivistes et les sectaires, pour lesquels il n'est ni patrie ni morale.

De ce fait, il est à craindre que l'humanité entière

ne perde, pendant ces heures de folie et de perturbation, toute notion de vraie justice, de morale et de vertus sociales et n'abandonne, dans son désir d'émancipation à outrance, les coutumes et les traditions de jadis, auxquelles, cependant, elle était redevable de tant de gloires, pour se jeter témérairement à la recherche de formules nouvelles, dangereuses ou criminelles, dans le but condamnable d'y trouver un bonheur immédiat et surtout une licence effrénée.

C'est le saut dangereux dans l'inconnu, d'autant plus inquiétant :

a) Qu'il peut correspondre à un bouleversement complet de la vie économique et financière, dont les conséquence conduiraient à l'anarchie et à la ruine du crédit national, si, par malheur, le principe de l'autorité était annulé, en faveur seulement des volontés populaires, capables des pires excès, lorsqu'elles sont laissées à elles-mêmes, sans guide et sans frein, comme le Russe nous en donne le triste exemple ;

b) Que la fortune publique est nécessairement très ébranlée, puisque le budget de l'Etat inscrira à son débit plus de 150 milliards, dont il faudra cependant trouver les intérêts et l'amortissement dans des impôts nouveaux, lesquels seront illusoires s'ils ne frappent qu'une seule catégorie de citoyens ;

c) Que, par contre, les fortunes privées ont déjà perdu une bonne partie de leurs revenus, du fait de la dépréciation des portefeuilles, des valeurs et des immeubles, conséquences fatales de toute une série de moratoriums et des nombreux décrets de guerre, pris sans examen sérieux et sans raison légitime ;

d) Que, par suite, le problème fiscal paraît en principe insoluble, puisque, d'un côté, il y a une diminution importante de revenus, et, de l'autre, une augmentation considérable de charges. sans possibilité pour l'ensemble des citoyens imposés d'obtenir de nouveaux bénéfices, et de payer des charges nouvelles ;

e) Que, de plus, la vie matérielle augmente considérablement, et va devenir impossible à cause de la cherté même des vivres, de l'excès des salaires, du désir de tous de jouir plus largement de la vie, et aussi à cause des trafics et des accaparements scandaleux faits par des misérables, qui se moquent des lois et des décrets, et qui s'enrichissent criminellement aux dépens des malheureux.

Or, c'est dans ces conditions très troublantes, que la vie de demain se présente avec ses incohérences et ses exigences, qui inquiètent ceux qui ont déjà vécu la plus grande partie de leur existence, puisque, jamais, à aucune époque de l'humanité, la civilisation n'a connu pareille perturbation et n'a eu à résoudre de tels problèmes, dont peuvent dépendre, demain, la sécurité des citoyens et la ruine ou la grandeur des peuples.

Devant un avenir si sombre, qui de nous peut rester indifférent et n'être pas pris de vertige ?

Car, nous avons tous l'impression très nette que personne ne peut prétendre résoudre actuellement le problème mondial sans l'inspiration providentielle qui est seule capable de sauver les nations en détresse.

Cependant, nous n'avons pas le droit de perdre confiance, car le bien sort toujours du mal, quand l'homme sait demander à Dieu de l'éclairer, de le diriger et de le sauver, à la condition cependant qu'il agisse en même temps de son côté.

Sachons alors aujourd'hui reconnaître nos fautes, car si nous vivons des heures si difficiles, et si troublantes, c'est en partie la faute :

1° A l'ensemble des citoyens, ainsi qu'aux hommes de bien, qui se sont désintéressés depuis trop longtemps de la chose publique et qui, quoique le nombre, ont abandonné, dans un mouvement coupable de découragement ou d'indifférence, le gouvernement de la patrie à quelques mains indignes;

2° A une certaine catégorie de chrétiens qui. par veulerie, ou par égoïsme, ont préféré jouir tranquillement de leur vie facile et luxueuse, et qui ont négligé les graves questions sociales, sans se soucier de leurs devoirs, pendant que des arrivistes audacieux flattaient les masses.

Et c'est ainsi que la patrie abandonnée, mal défendue et mal gouvernée, a été en même temps l'objet des convoitises criminelles de l'Allemagne, qui a fait répandre par ses agents toute une série de doctrines coupables et d'utopies honteuses, pour nous démoraliser et nous asservir à l'heure d'une attaque brusquée.

Résolutions à prendre.

La grande victoire libératrice est certaine, car Dieu aime la France ; par conséquent, aujourd'hui et surtout demain, nous allons nous trouver devant une situation commerciale, industrielle et financière inextricable, au moment où des revendications violentes se feront entendre du côté des travailleurs, devenus très exigeants, pendant que des groupements socialistes révolutionnaires, au nom de l'Internationale, chercheront à faire voter des lois plus néfastes encore contre le capital et contre les fortunes privées, dans le but de s'assurer la voix de nombreux électeurs peu scrupuleux, et pour satisfaire leur haine contre les classes de la société, comme cela se passe actuellement en Russie.

Il faut donc que :

1° Tous les hommes de bien et de bonne volonté, qui représentent la grande majorité de la patrie, se groupent et fassent le serment d'agir dorénavant sans faiblesse, sous la direction intelligente et forte d'un comité sérieux et travailleur, qui saura imposer des idées justes et sages et prendre des résolutions viriles ;

2° Qu'ils arrêtent un programme complet et très net, qu'ils le propagent partout et en même temps, grâce à des conférences constantes ;

3° Qu'ils comprennent qu'il ne faut plus attendre qu'une loi soit votée ou soit près d'être votée pour la combattre, mais qu'il est nécessaire, au contraire, d'attaquer ce projet de loi, dès qu'il est déposé sur le bureau de la Chambre, et de présenter aussitôt un contre-projet très documenté, qui sera sans retard expliqué et défendu devant le peuple ;

4° Qu'ils se mettent de suite à la tête du mouvement social :

a) pour étudier toutes les questions économiques, juridiques et financières ;

b) pour éclairer et instruire le peuple sur ses droits et ses devoirs ;

c) pour lui enseigner ce qu'il doit faire, et lui expliquer l'usage pratique des lois votées à son intention, que généralement tout le monde ignore ; sinon, c'est le débordement populaire, sous l'impulsion des arrivistes et des internationalistes, capables de toutes les mauvaises actions et de toutes les corruptions.

Pour nous en convaincre, qu'il nous suffise de jeter à nouveau les yeux sur les criminelles manœuvres des chefs de la révolution russe, et des actes de sauvagerie et d'infamie commis par Lénine et Cie, qui, après avoir renversé la dynastie de l'empire russe, se sont rendus coupables de la trahison la plus indigne envers les alliés et envers la patrie, se sont laissé scandaleusement corrompre, et ont accepté, dans un but de lucre, d'ouvrir les portes de la patrie aux barbares assassins et de livrer le sol national à l'ennemi.

Quelle honte éternelle et quelle tache de sang pour le peuple russe tout entier, que la dictature de Lénine et Cie a ruiné pour un siècle !

Voilà, du reste, où en arrive fatalement le peuple quand, oublieux de ses devoirs, il suit les conseils de ces vils flatteurs et que, privé de direction réelle, il entend vivre du désordre et dans la licence, car il tombe nécessairement dans l'anarchie la plus sanglante et sous la botte d'un dictateur féroce, brutal et assassin.

N'oublions pas non plus que le socialisme est une force considérable mondiale, que personne ne peut nier aujourd'hui, et qui demain peut tout détruire sur sa route, s'il n'est pas bien dirigé.

Il faut donc conduire le mouvement avec intelligence vers le bien, pour éviter qu'il dégénère en violence et en brutalité criminelle.

Or, pour arriver à obtenir ce résultat, il faut, comme nous ne cessons de le dire, faire l'éducation sociale du citoyen, en instruisant le peuple, et en éclairant les masses ; il faut aussi et surtout apprendre aux travailleurs qu'ils sont les véritables collaborateurs du patron, c'est-à-dire du capital, qu'ils doivent aider à la production intensive de l'usine, d'autant plus que le montant annuel des salaires des ouvriers représente, dans les frais généraux d'une grande maison de commerce, ou dans une grande usine, à peu près le montant du capital engagé ; que par conséquent est criminelle la doctrine de ce faux socialisme, qui prêche la haine du travail contre le capital, de l'ouvrier contre le patron, puisque tout capital qui passe la frontière, soit par crainte de lois néfastes, soit pour cause de grèves, porte la prospérité et la fortune dans le pays étranger où il va, et sert à nourrir l'ouvrier étranger, au détriment du travailleur français.

Enfin, il faut leur répéter à tous que le partage de la fortune publique, que leur font miroiter certains politiciens, est une folie et une stupidité, car si même la chose était possible, il ne reviendrait pas à chaque citoyen français 400 fr. par année, mais que, par contre, toute la vie économique serait éteinte pour arriver à la banqueroute et à la famine.

Mais ce sont ces vérités que les hommes de bien doivent leur enseigner et leur expliquer, et ils comprendront alors que le seul socialisme est celui qui s'inspire de l'esprit chrétien, parce qu'il est le seul capable de faire de grandes choses et de résoudre, au mieux des intérêts de tous, ces graves et difficiles problèmes sociaux, car il peut s'imposer à la conscience du pauvre comme du riche, du travailleur comme du patron.

Et puis, prouvons-leur aussi combien est coupable la prétention ridicule de certains arrivistes qui, d'un côté, prêchent la bataille et la haine entre les divers citoyens de France, pendant qu'ils réclament l'union la plus intime entre les capitalistes et les travailleurs de toutes les nations du monde, au nom même de l'Internationale, dont ils sont, pour cause, les serviteurs les plus intéressés.

Programme de vie sociale.

Voici en quelques lignes un programme de vie sociale, qui nous paraît très réalisable, à la condition toutefois de nous conformer aux sages conseils de Léon XIII, dont nous avons déjà fait mention, et qui est le grand Maître en la matière.

Nous devons tout d'abord rappeler qu'en 1862 l'Allemand Karl Marx, de bien triste mémoire, est venu fonder une école de socialisme matérialiste et révolutionnaire, sous prétexte que la propriété est un danger social et qu'il fallait, pour le bonheur de l'humanité, arriver à la socialisation générale par la force et la lutte des classes.

Cette doctrine dangereuse et criminelle a eu et a encore des conséquences désastreuses, dont les sociétés souffrent cruellement.

Par conséquent, tout autre est le programme de vie sociale qui pourrait être suivi aujourd'hui.

Il faut tout d'abord poser en principe ces vérités :

1° Que la société a des devoirs et des droits rigoureux envers le citoyen :

A. Quand ce dernier est enfant, pour lui assurer le droit à la vie ;

B. Quand il arrive à l'âge d'homme, pour lui garantir le droit au travail ;

C. Quand il atteint l'âge de la vieillesse, pour lui donner le droit à la retraite ;

D. Pour obliger le citoyen à s'instruire ;

E. Pour le contraindre à travailler en vue de l'intérêt public.

2° Que, par contre, le citoyen, qui appartient à toute société honnête et morale, a des droits à exercer :

A. Le droit au travail libre;

B. Le droit absolu de répartitions diverses et proportionnelles dans les bénéfices et avantages de toute entreprise où il peut travailler, puisque le travail est un des facteurs de production ;

C. Le droit à la retraite, pour compenser l'amortissement des forces dépensées au travail.

D. Il a aussi le devoir strict de travailler d'une façon quelconque, car la loi du travail est la loi par excellence de toute vie sociale.

Maintenant, nous pouvons ajouter que notre société modèle ne pourra fonctionner qu'à la condition formelle :

D'exiger de chacun de nous comme chrétien la pratique effective des vertus sociales et de la vertu, et comme citoyen, l'obéissance aux justes lois du pays.

Enfin, nous avons une loi qui peut nous être très utile, c'est la loi de 1901 sur les associations, dont nous avons parlé plus haut : pourquoi ne pas s'en servir pour arrêter le programme suivant ?

1° Grouper tous les travailleurs de même corporation de métier en une association, conformément à la loi de 1901 ;

2° Demander, aussitôt que possible, que cette association soit reconnue d'utilité publique, afin de pouvoir recevoir des dons, d'avoir des immeubles et de jouir de tous les avantages réservés à ces associations reconnues;

3° Centraliser toutes les forces manuelles et intellectuelles de ces travailleurs ainsi groupés, pour obtenir des avantages réels;

4° Nommer par corporation de métier un mandataire intelligent et consciencieux, qui sera un candidat à la députation, chargé de représenter utilement la corporation;

5° Exiger de tous ces mandataires le dépôt de lois nouvelles dans l'intérêt des travailleurs;

6° S'entourer de compétences, chargées de donner constamment des avis, des conseils, et d'émettre des vœux au point de vue social, industriel, commercial et financier, afin de pouvoir lutter contre la concurrence étrangère sur les divers marchés mondiaux.

Une prime d'assurance contre les dangers d'un socialisme révolutionnaire athée et international.

La Société des nations sera malheureusement la société du socialisme mondial, avec ses utopies humanitaires, et ses tendances d'émancipation à outrance, et il est à craindre que, sous la poussée d'idées révolutionnaires, elle fasse voter des lois sociales nouvelles, qui nuiront plus ou moins vite aux intérêts matériels et religieux des peuples, car les nations ne peuvent pas valoir plus que les hommes qui les composent.

Il faut donc prévoir l'avenir et centraliser les forces chrétiennes mondiales pour résister à ce mouvement dangereux, et combattre toutes doctrines coupables, quand elles se feront jour.

Or, si nous voulons effectivement livrer le bon combat, avec la certitude de la victoire finale, dont dépend du reste notre vie sociale, nationale et morale, il faut que, dès maintenant, chacun de nous, d'après ses moyens et en considération de ses intérêts personnels, fasse quelques sacrifices, et s'impose une charge annuelle qui sera, en fait, de peu d'importance, mais qui devra être une véritable prime d'assurance contre les théories incendiaires de l'Internationale révolutionnaire, dont le danger est grand aujourd'hui, et sera terrible demain.

Il faut de même confier à une élite spéciale, comme nous l'avons déjà expliqué, le soin difficile et délicat de diriger avec intelligence, compétence et dévouement nos intérêts sociaux et religieux ; de veiller au danger et de prévoir ; mais pour obtenir cette organisation nécessaire et cette centralisation des forces et des énergies morales universelles, il est indispensable que chacun contribue à ce budget de propagande, de sauvegarde, de prévoyance et de direction, car tout travail mérite salaire, et doit être rémunéré convenablement : c'est un principe de moralité et de justice reconnu par Léon XIII, mais trop souvent oublié chez certaines personnes, même charitables, qui voudraient avoir beaucoup sans bourse délier.

Par conséquent, que chacun de nous comme citoyen et comme chrétien prenne donc l'engagement d'honneur et de conscience de prélever tous les mois ou chaque année une somme de 3 à 10 % sur ses revenus, selon sa fortune et les intérêts qu'il a à défendre, afin d'alimenter la caisse de défense et de prévoyance sociales et religieuses ; et, de la sorte, nous aurons tous fait, d'une façon intelligente, grâce à cette prime, notre devoir envers Dieu et envers la patrie.

Voilà une idée pratique qu'il serait bon de répandre, car les « braves gens » n'ont encore aujourd'hui aucune organisation, aucune centralisation, et n'ont surtout aucun désir de faire un effort pécuniaire, bien qu'ils représentent le nombre et la fortune, et que leurs intérêts soient en jeu ; ils ont pris l'habitude de vivre en égoïstes, et ils ne veulent et ne savent pas dépenser pour la bonne cause ; pour eux, les œuvres doivent toujours être gratuites, être placées dans des logements à bon marché, et les hommes d'œuvres doivent être des volontaires gracieux.

Cette théorie est une erreur grave et une faute coupable, car rien ne peut se faire sans une organisation parfaite, sans une direction constante et sans argent, si on veut vraiment avoir une œuvre sérieuse et régulière et obtenir un travail rémunérateur.

L'exemple du reste des œuvres prospères en Belgique a prouvé que les « braves gens » ont tort dans leurs conceptions étroites.

La preuve que j'ai raison :

1° Articles de M. J. Giraud (en novembre 1917) sur le congrès du parti radical ;

2° Articles de la *Castilla sociale* en août 1917 : succès des syndicats catholiques en Espagne ; — appel véhément des évêques catholiques aux classes dirigeantes, en faveur d'une union active.

1° Je suis très heureux, au moment où je termine mon ouvrage, de constater que le grand écrivain et grand économiste chrétien, M. J. Guiraud, confirme, avec son autorité indiscutable, la thèse et la doctrine que je soutiens depuis si longtemps devant l'indifférence générale.

En effet, M. J. Guiraud, dans ses trois articles remarquables, parus dans la *Croix* de novembre 1917, se demande avec anxiété :

Où sont donc les vrais chefs écoutés du parti catholique, des modérés, et des hommes de bien ?

Où sont leurs troupes disciplinées et obéissantes ?

Quel est leur programme social et économique de guerre et de paix ?

Qu'ont-ils fait pour donner le sentiment qu'ils sont une force extérieure et organisée ?

Quel est leur groupement effectif et imposant ?

Pourquoi n'ont-ils pas déjà entrepris d'une façon raisonnée et pratique l'éducation des masses populaires ?

Pourquoi la grande ligue sociale des catholiques n'est-elle pas déjà constituée pour la lutte d'hier et pour celle de demain ?

Et l'inquiétude de M. J. Guiraud est d'autant plus sincère que les adversaires (qui sont l'extrême minorité) viennent d'arrêter dans certaines réunions et dans le 14e congrès du parti radical, avec un soin extrême, un programme très étudié de combat et de propagande, sur toutes les questions sociales, politiques, économiques et religieuses, pour impressionner les masses et dompter la majorité, qui accepte d'être conduite et dominée.

J'ai donc raison de demander encore aujourd'hui, avec insistance, devant ce plan audacieux et dangereux de nos adversaires :

> La création d'une « Maison des Œuvres », comme centralisation de toutes les forces et des énergies des hommes de bien et des catholiques

Le groupement effectif d'un certain nombre d'œuvres ;

La ligue et l'union de tous les hommes de bonne volonté ;

La création d'un Comité de défense et de prévoyance sociales, économiques et religieuses, avec un programme très net arrêté par des compétences certaines, afin de propager ce dernier par les soins de conférenciers intelligents et dévoués, dans le but d'attaquer les mauvaises lois, d'empêcher les nouvelles d'être votées, et de proposer de bonnes et utiles lois.

En effet, il est temps de sortir de notre torpeur, car les heures sont graves, n'en déplaise aux indifférents, qui raillent toujours et critiquent constamment, mais qui sont incapables de faire quelque chose d'utile pour Dieu et pour la patrie.

Et surtout agissons, car la grève des bras croisés est un programme négatif et dangereux, qui nous conduira tout droit, par notre faute, à l'anarchie, d'autant que les impôts commencent à devenir draconiens, à l'égard d'une certaine catégorie de citoyens, car ils tendent de plus en plus à la confiscation du capital, ce qui sera un danger pour le crédit national.

2° Il est nécessaire aussi de citer les articles parus en août 1917 dans la *Castilla sociale* qui relate le succès important remporté par les syndicats catholiques ouvriers en Espagne, du jour où ces derniers se sont groupés contre le mouvement révolutionnaire, et l'appel véhément des évêques espagnols aux classes dirigeantes pour leur demander de remplir leurs devoirs sociaux et de chrétiens.

3° Enfin, sachons prendre exemple sur l'Action sociale de Versailles, qui nous démontre l'utilité de grouper nos forces, et qui prouve que l'Eglise doit s'occuper des questions politiques et juridiques, et combien elle a du reste d'intelligence et de puissance pour l'organisation et la mise en pratique des œuvres économiques et sociales.

Voici tout d'abord les déclarations très nettes de M. J. Guiraud :

Les leçons du congrès radical.

« Le 14e congrès du parti radical s'est tenu la semaine dernière à Paris (novembre 1917). J'en ai suivi les séances avec intérêt, et j'estime bon d'en parler ici, non pour lui faire une réclame à laquelle ses organes ont largement suffi, non pour lui lancer des plaisanteries faciles et sans portée, mais pour en tirer des *leçons utiles aux catholiques.*

L'ardeur des adversaires s'est surtout manifestée sur les questions politiques. « Politique d'abord », telle est leur devise. *La conquête immédiate du pouvoir*, tel est leur but, hautement affirmé. Nous savons tout ce que cette devise et ce dessein recouvrent d'appétits à assouvir, de rancunes à exercer, de tyrannies à établir.

Mais n'oublions pas aussi que, pour les radicaux sincères, la conquête du pouvoir c'est le moyen de faire triompher, par la force des lois et de l'administration, tout un système politique, économique et social que nous aurions tort de négliger. Ils savent que les meilleures idées peuvent être tenues en échec par une majorité solide, et qu'un vote émis en un quart d'heure peut détruire des résultats péniblement acquis au cours de longues années et au prix des plus grands sacrifices. Persuadés avec raison qu'un parti est condamné à l'impuissance sur tous les terrains s'il n'a pas une action politique sérieuse, ils considèrent comme un germe de mort l'indifférence politique, et lancent résolument leurs adhérents dans la lutte.

Nous, catholiques, nous ne devons pas rester

indifférents et inactifs en face de cette concentration radicale dont le congrès a donné le signal. Elle vient *après la grande unification socialiste* qui a valu aux troupes de Jaurès leur grand succès électoral de 1914, la participation considérable qu'elles ont eue au gouvernement pendant toute la durée de la guerre, participation que des présidents du Conseil ont proclamée nécessaire.

Et voilà que, maintenant, pour la conclusion de la paix, et surtout pour l'après-guerre, *se prépare une grande unification radicale*, dont le caractère maçonnique est évident, après l'élection à la présidence du parti de l'un des chefs les plus puissants de la maçonnerie, M. Debierre.

En face de ces deux blocs, qui ne manqueront pas de négocier entre eux, de s'entendre sur certains points, en particulier sur la guerre à la religion, *quelle figure font aujourd'hui* et *feront après la paix*, les catholiques et les modérés ? Finiront-ils par *comprendre que, à l'heure actuelle, ils n'ont aucune organisation politique solide, ni au parlement, ni dans le pays, et que leurs troupes sont débandées*, glissant, là où elles sentent une force, à gauche ? Verront-ils qu'entre l'ensemble de nos élus et l'ensemble de leurs électeurs il n'y a pas cette cohésion qui fait qu'il y a de vrais chefs et de vraies troupes, réunis dans une même discipline pour des objets bien précis ? *Comprendront-ils que, pour être pris en considération par les ennemis eux-mêmes, il faut donner le sentiment d'une force organisée ?* Au cours de ces dernières crises ministérielles, on s'est plaint de la considération que M. Painlevé témoignait aux socialistes, allant jusqu'à leur offrir trois portefeuilles, et des plus importants, alors qu'il montrait la plus complète indifférence aux modérés et aux catholiques. *Mais où sont les modérés et les catholiques ?* Quels sont les chefs avec lesquels M. Painlevé aurait eu à négocier ? Quelles sont les conditions précises sur lesquelles on aurait pu s'entendre ? *Quel est le programme de guerre et de paix* qu'on lui aurait soumis ? *Quelles troupes solides, disciplinées,* lui aurait-on présentées pour le soutenir dans le cas d'un accord, *pour le combattre dans le cas contraire ?*

M. Barrès a dit que le parti conservateur avait un rôle à jouer dans les circonstances *présentes. Où est-il ce parti ?* Quelles sont *ses délimitations, son programme, ses idées ?* M. Galli, l'auxiliaire de M. Barrès, en est-il ? et M. Barthou ? Ce parti est-il bien décidé à conserver, hors de toute atteinte, les principes fondamentaux de la société : la religion, la famille, la patrie, la propriété ?

Tel est l'examen de conscience que doivent provoquer chez tous les modérés, chez tous les catholiques, les graves décisions prises par le congrès radical au point de vue politique.

Les bouleversements économiques déterminés par la guerre, le développement considérable qu'ont pris, depuis l'ouverture des hostilités, les idées et les pratiques socialistes, le renchérissement de la vie, la hausse des salaires rendront plus aiguë que jamais la question ouvrière. Comment la résoudre en tenant compte, d'une part, des conditions nécessaires au développement de l'industrie et du commerce, et, de l'autre, des revendications du prolétariat ? Le Congrès a examiné plusieurs problèmes intéressant l'organisation du travail, et nous avons entendu une communication fort bien faite de M. Deloncle, sénateur de la Seine, sur les sociétés anonymes à participation ouvrière.

Je n'ai nullement la prétention d'énumérer toutes les questions qui ont été ainsi agitées au cours de ces trois jours. C'est seulement à titre d'exemple et pour montrer les préoccupations du Congrès que j'en ai cité quelques-unes.

Ces études ont été sanctionnées par des vœux et des résolutions que les congressistes transmettront comme les mots d'ordre du parti à toutes les organisations qu'ils représentaient. La plupart des rapports seront édités en tracts qui serviront *aux journaux, aux conférenciers,* plus tard aux candidats, et, en attendant, à tous les militants radicaux. Et ainsi, *un travail continu se fera dans toute la France,* actif là où il y a des groupes actifs, plus lent là où l'on sommeille, autour d'un certain nombre d'idées fiscales, économiques et sociales destinées à devenir des lois et des mesures administratives. Et ainsi, *en même temps qu'il s'imposait une discipline plus étroite, une organisation plus suivie, le Congrès élaborait le programme fiscal, économique* et *social du parti radical pour le lendemain de la guerre, en recherchant des moyens pratiques de le réaliser.*

Sur ces importantes questions, quelles sont les idées des catholiques et des modérés ?

Certes, dans leur nombre ne manquent ni les hommes d'étude ni les hommes d'expérience.

Et cependant, peut-on dire *que les catholiques et*

les modérés aient un programme précis, défini, d'action économique et *sociale ? Se sont-ils mis d'accord sur les solutions* qu'il faudra donner aux *problèmes* de la plus haute gravité, qui se présenteront demain d'une manière inéluctable ? *Préparent-ils dans le pays tout entier, par* tous *les moyens modernes de propagande et d'enseignement, un mouvement d'opinion en faveur de ces solutions ? Font-ils méthodiquement l'éducation sur toutes ces questions,* non seulement de *leurs amis,* mais aussi *des autres,* et pour tout dire en un mot, *des masses populaires ?*

Ils savent, évidemment, ce dont ils ne veulent pas.

Mais, tout cela c'est un programme négatif, nécessaire sans doute, mais insuffisant. C'est beaucoup d'empêcher le mal, mais ce n'est qu'une action préparatoire. Un bon chrétien sait qu'il faut vaincre le mal pour faire le bien. « Résiste et abstiens-toi » était la devise et la suprême sagesse des stoïciens ; elle ne sera jamais celle d'un christianisme conquérant et fécond. Dès lors, il ne suffit pas de combattre les solutions des adversaires, il faut encore apporter les nôtres, celles que nous tirons de nos croyances et des idées qu'elles nous inspirent sur la vie de l'individu, de la famille, de la patrie, de l'humanité tout entière, et élaborer un programme positif d'action politique, économique et sociale.

L'opinion publique l'exige. Quand on a démontré à une personne, à une assemblée, *au pays tout entier* l'inanité, l'injustice, la tyrannie de telle solution radicale ou socialiste, dans l'esprit de chacun se pose une question, qui, parfois, ne s'exprime pas, mais qui n'en attend pas moins une réponse précise. Et vous, *que pensez-vous, que proposez-vous, que voulez-vous ?*

Tant qu'on n'a pas répondu d'une manière aussi nette que possible, l'auditeur reste hésitant et il emporte une impression confuse, le disposant peu à l'action. Et ceux qui n'apportent que des critiques donnent le sentiment qu'ils sont des esprits chagrins, d'éternels mécontents avec lesquels il est peu sûr de lier partie.

Et c'est dans des impressions de ce genre qu'il faut chercher non pas la raison, mais *l'une des raisons de la faiblesse,* dans le domaine public, de l'*action catholique.*

Mais pour élaborer un programme positif autour duquel chefs et soldats puissent faire converger tous leurs efforts, il faut d'abord vivre, et la vie n'est en somme, physiquement et moralement, *qu'une force organisée*, d'autant plus puissante qu'elle est plus *puissamment disciplinée.*

Après le parti radical, la Ligue des droits de l'homme a tenu son Congrès. Dans l'exposé de la situation qui lui a été fait par son comité central, je signale tout particulièrement à nos amis le passage suivant :

Il y avait, au 31 décembre 1914, 50.754 ligueurs ; il y en a, au 30 septembre 1917, 62.944, répartis en 728 sections. *L'augmentation* pendant la guerre *est donc de 11.190.*

La Ligue a reçu, en 1916, 29.525 lettres et fait 1.223 interventions auprès des diverses administrations ou ministères.

Le maximum sera atteint cette année. Rien que du 1er janvier au 30 septembre, en neuf mois, *elle a reçu 14.068* demandes d'intervention ; elle en a retenu 996, et voici le nombre de lettres parties de la Ligue : 76.248.

Que de réflexions à faire sur ces chiffres !

Quel encouragement pour le ligueur, souvent perdu dans un hameau lointain, lorsqu'une lettre de Paris lui apprend que, grâce à l'association dont il fait partie, il a obtenu gain de cause, et comme il s'attache plus que jamais au parti qui ne l'abandonne pas et au délégué qui a le « bras si long » !

N'en doutons pas, *les affaires ainsi réglées par la Ligue font cent fois plus, pour l'établir solidement,* grouper autour d'elle ses adhérents et lui en valoir de nouveaux, *qu'un grand nombre de conférences dont on ne tarde pas à perdre le souvenir !*

Et nous, catholiques, avons-nous une organisation de ce genre à signaler à ceux de nos amis qui peinent obscurément dans la mêlée ? Que de plaintes n'ai-je pas reçues dans ces campagnes de Franche-Comté que j'ai si souvent parcourues et où j'ai trouvé de si beaux dévouements !

*

Et tous ces braves gens, qui souffraient ainsi persécution pour la justice, se tournaient vers ceux qui les avaient lancés dans la lutte, leur demandant l'aide de leurs conseils, de leurs consultations, de leurs démarches, de leurs ressources, et comme aucun organisme puissant n'existait pour prendre en main la cause des faibles, on leur prêchait la résignation en leur montrant le ciel.

Ah ! que de fois j'ai entendu de leur part ces paroles découragées : « On ne m'y reprendra plus ! on vous lance et puis on vous lâche... »

Malgre les appels à « l'Union sacrée », les brimades d'avant-guerre continuent ; la persécution scolaire se poursuit...

Je pensais à tout cela en lisant ces quelques lignes où, par des chiffres suggestifs, *la Ligue des Droits de l'homme faisait mesurer à ses adhérents* l'étendue de ses services et de son activité.

Et je me demandais *quand les catholiques organiseront leur Ligue des Droits, soutenant les opprimés, redressant les torts, tenant tête aux persécuteurs.*

La creer est une nécessité de justice.

Lorsqu'un chef militaire envoie ses hommes à une boucherie inutile, il est relevé de ses fonctions. Ne fait-on pas quelque chose de semblable lorsqu'on lance dans la lutte, sans défense, ces masses de braves gens humbles, mais dévoués, qui constituent nos vraies forces ?

C'est une nécessité pour l'action. Nos braves soldats combattent avec courage, c'est entendu, mais combien leur courage est décuplé quand ils se sentent appuyés par une puissante artillerie ; combien au contraire il est atteint lorsque la protection qu'ils attendaient leur a manqué ! *Il en est de même des braves catholiques que nous lançons à la défense de leurs croyances et à la conquête de leur droit. Ils marcheront* avec une intrépidité admirable *s'ils se sentent soutenus par de solides organisations !*

2° Articles de la *Castilla sociale :*

Voici maintenant les faits tels qu'ils se sont passés en Espagne :

En août 1917, les syndicats catholiques d'ouvriers arrêtaient en Espagne le mouvement révolutionnaire, pendant que les évêques faisaient un appel véhément aux classes dirigeantes pour leur rappeler leurs devoirs sociaux et leur reprocher leur incurie et leur indifférence devant le danger.

En effet, la *Castilla sociale* nous informe que c'est grâce à l'organisation parfaite de ses cheminots catholiques, à leur énergique intervention et à la ferme décision de leur comité, que la grève révolutionnaire fut déjouée, malgré les efforts des socialistes et l'appui de la Maison du Peuple.

Ils ont donné, en cette circonstance, par leur exemple d'union chrétienne, une très belle leçon de patriotisme à toutes les classes sociales, et ils ont prouvé, une fois de plus, que les catholiques groupés et disciplinés peuvent faire ce qu'ils veulent, quand ils le veulent.

De plus, l'attitude courageuse et disciplinaire des syndicats ouvriers catholiques pendant cette période de grèves, qui a failli troubler l'ordre en Espagne, en a imposé aux hésitants, a même déterminé un grand nombre d'associations ouvrières à venir se joindre à eux, et a enfin ouvert les yeux aux plus indifférents sur les graves dangers du socialisme révolutionnaire.

C'est alors que les Evêques catholiques en Espagne ont fait un appel pressant aux classes dirigeantes et aux hommes de bien.

« Il est urgent, disent-ils, que tous, riches et pauvres, patrons et ouvriers, s'unissent pour éteindre la conflagration sociale qui, de ses sinistres lueurs, a éclairé le sol natal, et menace d'étendre son action révolutionnaire.

« Il faut, par la justice et la charité, satisfaire aux revendications légitimes et éteindre les haines... »

Et puis, ils ne craignent pas de se demander :

« Que font les catholiques espagnols ? Si ce n'est « de s'abandonner à un sommeil qui ressemble à la « mort pour se réveiller dans l'impuissance, et laisser

« le champ libre au socialisme qui détruira la situa-
« tion commode que se sont faite certains d'entre
« eux, et entraînera vers les syndicats de résistance
« les ouvriers catholiques eux-mêmes...

« Devant une telle scène de douleurs et de misères,
« n'est-il pas désolant et pénible de voir des milliers
« de catholiques, les bras croisés, s'imaginant être
« quittes envers Dieu et leur conscience parce qu'ils
« ne manquent pas à certains devoirs individuels,
« tout en laissant dans un complet abandon leurs
« devoirs sociaux ?

« C'est à ces catholiques que nous nous adressons
« aujourd'hui...

« Nous demendons au Père des miséricordes de
« rendre dociles ceux qui, jusqu'ici, se sont montrés
« sourds à notre appel. Sans cela nous prévoyons des
« jours mauvais, où ceux-là seront les premières
« victimes qui, pouvant prévenir le mal, ne l'ont
« point fait, et ont donné un étrange exemple d'in-
« conscience devant les terribles leçons de la réalité...

« Aux travailleurs, nous recommandons d'avoir foi
« et confiance, car Dieu et les hommes de bonne
« volonté soutiendront leurs justes aspirations...

« Il leur faut s'associer et se syndiquer selon
« l'esprit chrétien dans la forme que conseilleront

« les circonstances, assistés en cela par des hommes « prudents et compétents, vraiment dévoués à la « classe ouvrière. »

Et aussitôt, un Comité d'initiative s'est formé, composé de l'aristocratie espagnole et des hommes de bonne volonté pour se mettre au travail, et à l'effet de constituer d'urgence :

A. Un comité central actif de protection et de défense sociales ;

B. Un programme d'action sociale très net et très pratique ;

C. Des comités régionaux, afin de déterminer un réel mouvement sous la direction effective de la noblesse et des hommes de bien, et une orientation pratique et sûre vers les milieux ouvriers, pour la réalisation des questions sociales, suivant les sages encycliques de Léon XIII.

Il ne reste donc plus, puisque les faits en France et à l'étranger nous donnent absolument raison, qu'à instituer, au plus vite, la Maison de centralisation des œuvres avec ses filiales à l'étranger, pour grouper toutes les forces mondiales, afin d'assurer le bien-être général aux travailleurs, lutter contre les mouvements dangereux du socialisme révolutionnaire, et engager ainsi le bon combat, dans le but d'obtenir la grande victoire sociale et morale dans l'intérêt de tous.

3° Nous avons donné déjà plus haut le programme très pratique et très utile de l'Action sociale de Versailles, qui nous démontre encore avec quelle intelligence et avec quelle sagesse elle a su, malgré les obstacles considérables rencontrés sur sa route, user des droits et des lois qui existaient, et s'en servir pour faire le bien, en même temps qu'elle assurait une longue vie à ses œuvres, et s'imposait légalement et d'une façon définitive pour le présent et pour l'avenir.

L'Action sociale a en effet compris, dès le début, que pour réussir, le dévouement individuel et les forces privées ne suffisaient pas, qu'il est indispensable de faire appel aux dévouements associés et à la coopération collective de toutes les bonnes volontés, afin d'obtenir une force imposante, capable de rendre de réels services, et de s'attirer toutes les sympathies extérieures.

C'est du reste ce que nous soutenons.

Par conséquent, aujourd'hui, j'ai bien le droit de dire aux braves gens :

Avions-nous raison de crier casse-cou depuis dix ans ?

Qu'attendez-vous pour agir ? Quand secouerez-vous votre torpeur coupable, et renoncerez-vous à votre routine dangereuse et désespérante ?

Allez-vous encore décourager ceux qui veulent travailler pour Dieu et pour la Patrie ?

Haut les cœurs ! car la France et le monde entier peuvent être en danger devant le flot révolutionnaire qui monte, et les doctrines des internationalistes.

Nécessité pour les œuvres de s'assurer des revenus certains, grâce à une organisation commerciale, industrielle et immobilière légale et rémunératrice.

Aujourd'hui, les œuvres ne doivent plus compter uniquement sur la charité publique, elles doivent s'assurer des revenus certains, grâce à des organisations légales, commerciales, industrielles ou économiques, dirigées par des compétences réelles, intéressées au succès de l'entreprise, et qui pourront, par suite, nous donner tous leurs soins, — car tout travail mérite salaire, suivant la sage définition de Léon XIII.

Elles doivent, en outre, chercher à développer constamment l'initiative personnelle de leurs membres et provoquer la constitution de coopératives, de syndicats, de ligues et de mutualités dans l'intérêt général, et aussi dans le but de la protection et de la défense des droits de chacun, surtout si elles veulent devenir populaires et rendre des services à la bonne cause.

Et c'est seulement ainsi que les œuvres aideront, pour une grande partie tout au moins, à la solution des questions sociales, qu'elles seront une force réelle, qu'elles s'imposeront à tous et qu'elles se défendront utilement contre les attaques dangereuses des sectaires et des adversaires, car le peuple et les travailleurs sauront bien vite reconnaître leurs vrais amis et ceux qui leur portent intérêt.

Du reste, certaines œuvres très catholiques, qui font beaucoup de bien, agissent déjà ainsi, et vivent largement du produit de leurs travaux.

Que toutes les autres œuvres les imitent donc, et se mettent résolument au travail, après avoir arrêté, toutefois, un plan et un programme de vie pratique dont l'exécution sera confiée à des hommes compétents, actifs et consciencieux, qui s'y consacreront, car dans toute affaire il faut une direction constante.

Utopies socialistes.
Une observation sur la Société des nations.

Au milieu du bouleversement mondial provoqué par l'ambition criminelle du peuple allemand, chacun cherche aujourd'hui le moyen pratique d'empêcher le barbare teuton de renouveler à l'avenir ses actes de sauvagerie.

C'est ainsi que l'idée de constituer la Société des nations s'est fait jour, et que certains esprits inquiets ont même accepté cette solution, comme un remède possible, tandis qu'elle est irréalisable, telle que la veulent les internationalistes ou les socialistes impénitents.

L'idée de grouper toutes les nations en une société modèle est un rêve charmant des mille et une nuits, puisqu'il exigerait, pour être acceptable, que toutes les nations ainsi réunies fussent, par essence, vertueuses, honnêtes et sages.

Or, la Société des nations devra comprendre dans son sein l'Allemagne et la Bulgarie, c'est-à-dire deux nations qui sont, par principe, malhonnêtes, cupides et barbares.

Par conséquent, cette fameuse République idéale

deviendra déjà, dès sa constitution avec de tels éléments, un foyer de corruption, de luttes fratricides et de trahison sanguinaire, car nous ne devons pas oublier que le peuple allemand s'est déclaré une divinité infaillible, charger d'opprimer et de mettre en esclavage tous les peuples du monde. Et puis aurons-nous tous, tout au moins pour le début, l'esprit chrétien nécessaire pour pratiquer la vertu, les vertus sociales et la grande charité mondiale ?

Aussi, je ne puis pas mieux faire que de me représenter la Société des nations sous la forme d'une immense cage dans laquelle des utopistes enfermeraient avec un soin jaloux, au milieu des fleurs et de la verdure, un tigre, une hyène et un chacal avec un agneau, un mouton et une brebis, et qui prétendraient apprivoiser les premiers, afin de les mener par la douceur et le raisonnement à vivre en bonne intelligence avec les seconds, dans l'intérêt même de la race animale.

Eh bien ! n'en déplaise aux rêveurs, je puis certifier d'avance, qu'au bout d'une minute, il ne restera plus d'agneau, ni de brebis, ni de mouton, car le tigre, le chacal et la hyène les auront dévorés, devant les yeux du rêveur, et malgré ses exhortations enflammées.

Voilà ce que nous promet la Société des nations, à moins d'un miracle de la Providence, car tant que la brute sanguinaire allemande conservera une force quelconque, elle l'emploiera à asservir le faible et à assouvir sa haine bestiale contre l'innocent.

C'est pourquoi il faut combattre ces utopies audacieuses et dangereuses, qui nous conduiraient à faire des rêves insensés et irréalisables et à nous réveiller dans un cauchemar, car il faut se méfier de ces grands mouvements populaires qui, à l'exemple des vagues de fond, peuvent tout entraîner et tout engloutir, même les rêveurs.

Assez de ces conceptions et de ces essais, qui peuvent devenir demain criminels !

Mais si vous voulez quand même la Société des nations, soyez prudents et commencez par enchaîner la bête puante, qu'est l'Allemagne, pour l'empêcher de mordre ; autrement, vous ferez le jeu de cette race impie et criminelle, au détriment du droit, de la justice et de l'honneur.

Regardez du reste à l'Est, et vous verrez que l'Allemand, alors qu'il tend la branche d'olivier à la Russie, a aussitôt mis cette pauvre nation à feu et à sang, faisant en quelques semaines de cet immense empire un repaire de bandits, d'assassins et de traîtres, et un vaste désert pour lui dicter ensuite des lois qui auraient fait rougir de honte les peuplades les plus sauvages de l'antiquité païenne.

Devant ces monstruosités, ces infamies, ces crimes et ces trahisons, peut-il y avoir encore des utopistes convaincus ? Non certainement !

Par conséquent, quiconque ose prétendre maintenant, devant les actes commis en Russie, à une entente amicale avec l'Allemand est un traître !

Résumé et conclusions.

L'homme a été créé par Dieu pour vivre avec ses semblables, c'est-à-dire en famille, ainsi que les familles pour vivre en société ; mais ce groupement nécessaire des hommes dans la famille et ces réunions de familles en société, ne peuvent cependant fonctionner utilement qu'à la condition de se conformer aux droits et aux devoirs imposés par les lois et par la morale à chacun de nous, soit dans la famille, soit dans la société, et de respecter la liberté d'autrui.

Mais, pour obtenir ce résultat nécessaire, il faut d'une façon abolue :

Une autorité permanente et raisonnable, qui

commande avec intelligence dans l'intérêt public et qui mérite d'être obéie ;

Une direction éclairée et résolue, toujours en éveil, afin de prévoir, et capable de prendre en temps utile de sages et viriles résolutions ;

Une volonté constante et ferme pour la lutte ;

Un programme très net et intelligemment conçu de vie sociale et de vie économique ;

Des citoyens honnêtes, qui obéissent avec confiance à l'autorité, qui comprennent leurs droits et leurs devoirs et qui savent faire passer au premier rang l'intérêt de la patrie ;

Des lois justes, morales et bienfaisantes, faites pour le bien de la nation, et qui s'imposent à la conscience de tous.

Maintenant, pour mieux fixer nos idées, nous pouvons comparer la société à un grand immeuble, qui abriterait les familles, à titre de simples locataires, et qui aurait comme gérants les députés, les sénateurs et les ministres chargés de diriger, de surveiller et de protéger l'immeuble, c'est-à-dire la chose publique, grâce à une série de règlements intérieurs et extérieurs, appelés lois ou décrets.

Par conséquent, l'examen de l'immeuble, s'il est fait avec soin, nous donnera la preuve indiscutable de l'état extérieur et intérieur des lieux, de la valeur et de l'utilité réelle des règlements et des lois, de la mentalité des gérants et de la conscience des locataires.

Or, l'expertise que nous faisons dans cette société moderne est loin d'être favorable.

En effet, nous constatons :

Lézardement extérieur des murs, avec affaissements partiels ;

Destruction criminelle des trois piliers indispensables au soutien de l'immeuble : droit, justice, morale ;

Mauvaise tenue intérieure ;

Désordre général et règlements déplorables ;

Bataille et haine entre les locataires.

C'est donc la preuve indiscutable :

De l'incapacité et de la négligence coupables des gérants ;

De la mauvaise conception de leurs règlements ;

De l'esprit dangereux des locataires.

C'est l'anarchie et le désordre du haut en bas, c'est la révolte contre toute idée juste, honnête et morale, pour la satisfaction brutale et immédiate des basses passions humaines ; c'est le règne insensé et criminel de l'égoïsme individuel.

C'est assurément l'effondrement prochain de l'immeuble.

C'était du reste fatal, et cela devait arriver, comme conséquence logique et nécessaire de l'éducation moderne de la jeunesse, de la faillite de l'éducation familiale et chrétienne, des mœurs sociales actuelles, et de l'indifférence coupable des braves gens alors que chacun veut vivre sa vie personnelle, sans s'occuper des lois morales et divines et des intérêts de la patrie.

Aussi, quels scandales dans la vie privée et dans la vie politique !

Mais pour nous convaincre davantage de la gravité de la maladie sociale dont nous mourons, nous n'avons qu'à examiner avec attention les causes nombreuses de la destruction de la société moderne, parmi lesquelles nous relevons :

> L'oubli des trois lois fondamentales, qui servent de base à toute société humaine, c'est-à-dire, loi de stabilité, loi d'autorité et loi de charité ;
>
> Le vote de lois d'exception, qui frappent seulement une certaine catégorie de citoyens, à

l'encontre de toute justice et de toute logique, cause de graves dangers financiers dans l'avenir;

La mauvaise éducation dans la famille et à l'école, l'abandon des droits et des devoirs dans la famille et dans la société;

L'ignorance complète du citoyen de ses droits et de ses devoirs sociaux;

La fausse éducation sociale du citoyen par des arrivistes sans scrupules, en quête de mandats parlementaires;

La nomination de mandataires peu consciencieux, sans moralité, et trop souvent incapables;

La destruction systématique de la morale et des principes chrétiens et religieux, dans la famille et dans la société;

La propagation scandaleuse et immorale de doctrines fausses et condamnables, concernant le capital et la propriété;

La veulerie coupable et l'indifférence dangereuse et volontaire des individus en général et même des hommes de bien devant l'orage et à l'égard des masses populaires, qui les ignorent et qu'ils ignorent complètement;

Le manque d'entente et d'union entre les

œuvres et les hommes de bonne volonté, qui laissent agir la minorité audacieuse et haineuse, et laissent voter des lois néfastes contre la religion et les intérêts sociaux ;

L'absence absolue et cependant indispensable d'un centre connu, capable de grouper et de centraliser les forces existantes ;

D'une direction maîtresse utile pour imposer une volonté certaine et nécessaire ;

Et d'un programme pratique et actif de protection et de défense et tout spécialement de prévoyance sociale et morale ;

Les négligences graves et l'opposition constante d'un certain nombre de gens de bien, qui se sont désintéressés des masses populaires, et ont laissé, sans protester, et sans réagir, les arrivistes et les sectaires corrompre et tromper le peuple et les électeurs par leurs doctrines décevantes et mensongères ;

L'oubli enfin de cette vérité éclatante : qu'on ne peut pas logiquement et moralement séparer la question sociale de la question religieuse, que par conséquent toute œuvre religieuse doit être une œuvre sociale, et que de plus un chrétien consciencieux ne doit et ne peut pas se désintéresser des problèmes sociaux et économiques, sans commettre une faute grave envers Dieu et envers la patrie.

Or, pour arrêter les effets désastreux de cette maladie sociale qui menace la patrie, nous devons donc faire appel à la bonne volonté active et à la conscience de tous, et appliquer sans tarder les remèdes suivants, indispensables à la guérison :

Rétablir au plus vite les trois lois fondamentales nécessaires à toute société humaine ;

Chasser les mandataires coupables et audacieux, qui ont criminellement compromis la chose publique, dans leur intérêt personnel et dans celui de leur parti ;

Rayer de l'école, de la famille et de la société, les doctrines et les enseignements coupables ;

Modifier le mode de recrutement de nos parlementaires et le droit de vote ;

Condamner sévèrement nos bureaucrates prétentieux et routiniers, qui ont si gravement nui aux intérêts sacrés de la patrie, même pendant la guerre ;

Faire annuler les anciennes lois néfastes et impies, et faire voter des lois saines, justes et bienfaisantes, qui s'imposent réellement à la conscience de tous;

Exiger que les impôts frappent tous les citoyens, sans exception, car il est illégal, illogique et immoral qu'une seule catégorie de citoyens soit imposée par ceux mêmes qui ne paient rien, et qui bien souvent gagnent le plus ;

Revenir aux principes premiers conformes à la saine raison et à la morale ;

Refaire l'éducation chrétienne à l'école, dans la famille et dans la société ;

Faire l'éducation sociale complète du citoyen, lui enseigner ses droits, ses devoirs et ses obligations, et éclairer le peuple sur les problèmes sociaux et économiques, afin d'éviter que des êtres sans scrupules le trompent ;

Grouper toutes les bonnes volontés, pour former une majorité effective et résolue ;

Créer un centre connu, constituer un comité actif de direction pratique et élaborer un programme utile très documenté et très net de vie sociale et de vie économique, puis, propager partout, et en même temps, par la conférence, ce programme unique, sain et bienfaisant ;

Refaire le foyer à la ville et à la campagne,

ıavoriser les familles nombreuses, et développer partout les lois sociales et les œuvres morales, dans l'intérêt national;

Combattre toute idée de haine entre le capital et le travail, comme contraire à la prospérité nationale;

Développer, au contraire, le droit à l'héritage et à la propriété, et encourager les bienfaits de la charité chrétienne, en facilitant les fondations sociales, industrielles et commerciales, et les dots en souvenir des morts, dont les conséquences seront considérables pour la paix sociale et le bien-être général;

Rappeler les sages enseignements de Léon XIII et de Pie X contenus dans leurs encycliques (que l'ensemble des hommes de bien et des catholiques ignore), véritable recueil pratique d'économie politique, qui donne la seule et vraie solution de toutes les questions sociales, et qui est rempli de conseils utiles et d'explications nécessaires;

Enseigner à tous que l'Eglise a le droit et le devoir de s'occuper des questions sociales politiques et juridiques, et qu'il est indispensable que ses membres connaissent la loi civile comme la loi religieuse pour pouvoir conseiller et diriger utilement et moralement.

De la sorte, le citoyen instruit comprendra mieux ses devoirs et ses obligations, saura imposer ses droits et se méfiera davantage des théories coupables des adversaires et des dangers mortels des doctrines socialistes, révolutionnaires et, surtout, internationales, lesquelles conduisent toujours la société, à l'exemple de la Russie, à la décadence, à la corruption, à l'anarchie et, tôt ou tard, à la dictature brutale et sanguinaire.

Il verra ainsi que la vie sociale ne consiste pas à faire de la politique de surenchère, laquelle ruine toujours la chose publique, dans l'intérêt de quelques arrivistes envieux, mais à développer la force vitale de la nation, en aidant à la prospérité effective et constante de sa vie économique, par le vote de justes lois et le développement normal de son crédit sur les marchés mondiaux.

Mais il n'est pas possible d'atteindre ce degré de bien-être social et de prospérité commerciale, industrielle et financière, si l'ordre intérieur et la confiance ne règnent pas dans la société, si les lois ne s'imposent pas à tous, et ne sont pas basées sur le droit, sur la justice et sur la morale, et si les citoyens et les gouvernants ne sont pas consciencieux, c'est-à-dire s'ils n'ont pas la notion très nette de leurs droits et de leurs devoirs, et ne pratiquent pas, dans l'intérêt public, la vertu et les vertus sociales.

Par conséquent, nous devons combattre et condamner tout acte illégal, toute atteinte à la liberté individuelle et de conscience, et toutes les lois qui compromettent le crédit national, et nuisent à la vie économique du pays et sont contraires à la morale chrétienne.

C'est pourquoi nous devons dénoncer comme traitres à la patrie ceux qui, se faisant les agents de l'Internationalisme, prêchent les doctrines anarchistes et prétendent apporter aux peuples crédules et confiants le bonheur social, à l'aide de la solidarité internationale et de certaines utopies coupables, lesquelles sont la négation même de la raison, portent atteinte à la justice et au droit et servent les intérêts criminels et privés d'une bande d'arrivistes et de corrupteurs, dont la doctrine est fort simple :

Ni Dieu, ni maître ;
Ni morale, ni conscience.
A chacun sa vie ;
Haine au capital !

Nous en arrivons ainsi, par la logique même des

choses, à vouloir une société modèle qui sera composée :

De gouvernants honnêtes, compétents et consciencieux ;

De citoyens probes, vertueux et patriotes, n'ayant tous qu'un seul désir, celui de vivre heureux dans une patrie grande et florissante, sous le couvert de lois justes et bienfaisantes, grâce à la pratique des vertus sociales et chrétiennes.

Mais hélas ! cette guerre horrible a rendu ce rêve bien difficile, car aujourd'hui de nombreux problèmes sociaux et économiques paraissent même insolubles par les seules voies humaines.

Et cependant, il faudra que demain la vie nationale reprenne !...

C'est alors que nous serons obligés de recourir à l'esprit chrétien pour ramener l'ordre, la justice et la paix au foyer et dans la société, et de faire appel aux œuvres chrétiennes pour aider à l'éducation sociale et faciliter le règlement inquiétant des graves questions économiques, car, en ces heures angoissantes de guerre, beaucoup trop de gens se sont grisés de la vie trop facile, grâce à des salaires exagérés et parfois scandaleux, et ont ainsi pris l'habitude de vivre très largement, sans compter et sans souci du lendemain, aux frais de la patrie, se désintéressant complètement des charges écrasantes de l'Etat, sous prétexte que les impôts ne doivent pas les frapper, alors qu'ils ont, au contraire, bénéficié largement de la guerre.

Mais tout aura une fin, et il faudra bientôt faire le bilan de nos dépenses, et voir clair dans les finances de l'Etat.

A ce moment critique, il sera nécessaire de rappeler chacun à la morale religieuse et à ses devoirs de citoyen, et faire enfin supporter à tous le poids de la guerre, autrement nous connaîtrons des heures troublées et de graves difficultés budgétaires, car, en vérité, les impôts ne sont justes et utiles qu'à la condition d'être payés par tous, et de répondre à une nécessité absolue; autrement, ce sont de simples moyens de fortune et des instruments vexatoires, votés dans un intérêt particulier et capables d'entraîner des dissensions intérieures et de violentes réclamations dans l'avenir.

C'est pourquoi, devant toutes les difficultés présentes et futures, nous devons réclamer la liberté des fondations et des dots de guerre, au point de vue social, commercial, industriel et religieux, pour permettre à ces dernières d'apporter leur concours très précieux à la solution des problèmes de demain, et de diminuer ainsi dans une proportion importante les charges de l'Etat, et, par suite, des contribuables.

Maintenant, pour constituer une société modèle, où il fera bon de vivre, et pour bien faire comprendre à tous l'étendue de leurs devoirs de citoyens, de Français et de chrétiens, et enfin pour apprendre au peuple à raisonner sainement et en conscience, il faut nécessairement commencer par l'instruire et l'éclairer, et lui apprendre à se servir pratiquement et utilement des lois existantes.

Pour cela, nous devons prendre au plus tôt les résolutions suivantes :

> 1° Constituer un centre d'énergie pratique, qui sera connu de tous, et qui sera la « Maison de centralisation des Œuvres ».
>
> Cette maison, comme nous l'avons déjà expliqué, devra être une maison abritant seulement à titre de locataire indépendant un nombre important d'œuvres, et capable de donner la preuve d'une force extérieure indiscutable, et, en même temps, un centre universellement connu d'énergie effective, soit par ses forces personnelles, soit par les concours qu'elle saura obtenir des groupements déjà constitués et des compétences certaines, en France et

même à l'étranger, afin de se défendre contre les mouvements très dangereux d'un socialisme révolutionnaire, international et franc-maçonnique.

En effet, comme toute œuvre est un remède pour une maladie sociale ou morale, il est donc logique de grouper dans une même pharmacie centrale, c'est-à-dire dans cette « Maison de centralisation des Œuvres », tous les remèdes, dans l'intérêt des malades et de ceux qui veulent soigner et guérir.

2° Former un comité actif de protection, de défense et de prévoyance sociales et religieuses, qui sera une puissance et saura obtenir ainsi les lois nécessaires à la vie économique de la nation et aux besoins légitimes des citoyens; qui défendra les intérêts généraux du pays et protégera nos droits de citoyens, de pères de famille et de chrétiens.

3° Arrêter un programme complet et pratiquement conçu, répondant à tous les besoins actuels, capable de combattre les théories décevantes des adversaires, de prévoir et de donner, en temps utile, la vraie solution des problèmes en cours.

4° Grouper et centraliser tous les renseignements sociaux, juridiques, économiques et moraux.

5° Propager partout et en même temps la bonne parole, en faisant connaître à tous ce qu'ils doivent savoir d'utile et de pratique pour eux, suivant un plan général sévèrement étudié et appuyé d'argumentations et de documentations sérieuses, sous le contrôle et le visa de compétences autorisées et éclairées, grâce à une série constante de conférences, faites pendant un temps déterminé, pour imposer une idée et impressionner favorablement le peuple, et grâce aussi à des articles de presse.

Faire connaître ainsi toutes les lois sociales et économiques, concernant les syndicats, les associations, les coopératives, et toutes les lois de prévoyance, dans l'intérêt général, et pour le bien public.

Enfin, souvenons-nous toujours que notre faiblesse provient de l'égoïsme et de la veulerie des « braves gens » qui, par calcul ou par avarice, restent indifférents à ce qui se passe autour d'eux, qui se lamentent entre eux des misères humaines, près d'un bon feu ou d'une table bien garnie, mais qui n'entendent troubler en aucune façon leur quiétude, leurs aises.

Beaucoup d'entre eux ne veulent pas s'intéresser aux questions économiques, et refusent même d'aider de leurs deniers toutes propagandes concernant la famille et la société.

Ce sont des « neutres » qui laisseront tout faire et ne protesteront jamais, ouvertement, pourvu que leur santé soit bonne, et que surtout on ne fasse aucun appel à leur bourse!

Ils oublient, les insensés, que lorsque la Providence a donné à quelqu'un de la fortune, elle en fait aussitôt son mandataire responsable et un coopérateur actif de la vie sociale, de telle sorte que ce dernier a l'obligation absolue de s'occuper activement de toutes les questions sociales et morales, non seulement pour soulager et aider ceux qui peinent et qui travaillent, mais pour réparer, au nom de Dieu, ce que la vie humaine peut avoir d'injuste et de douloureux pour un grand nombre de personnes.

Pour terminer, je ne puis mieux faire que de citer, sans aucun commentaire, ce qu'a écrit en février 1918 M. J. Guiraud, au sujet du rapport de M. Groussau sur les dangers de la loi des pupilles. Quel réquisitoire !

« M. Groussau n'a pas cru que des mouvements de

« réprobation suffisaient à l'heure présente. Il a mis « les catholiques en présence de ce fait : une loi, « mauvaise sans doute, mais qui va être appliquée, « que nous le voulions ou non. Il a donc conseillé « de prendre la plus grande part à l'application de la « loi, non pour en garantir l'excellence ni l'approuver, « mais pour lui faire rendre tous les bons résultats « possibles, en atténuer les fâcheuses dispositions et « en contrecarrer résolument les mauvaises inten- « tions. »

. . . .

« Puisqu'il s'agit de lutter pied à pied au sujet « d'une loi, il est nécessaire, avant tout, que les « catholiques aient un comité de jurisconsultes « donnant des interprétations irréfutables qui s'im- « posent à nos adversaires eux-mêmes et doivent « être admises par toutes les juridictions. »

. . . .

« La loi va s'appliquer à des milliers, à des cen- « taines de milliers de familles dont la plupart « l'ignoreront complètement et n'auraient pour les « éclairer à son sujet que les agents du gouvernement « et de la préfecture, — trop justement suspects — si « les catholiques eux-mêmes ne se chargeaient de « cette grande œuvre d'éducation des familles..... »

« M. Groussau a prononcé le mot d'organisa-
« tion catholique, grand mot qui demain, si nous
« le voulons résolument, deviendra une grande
« chose ! »

. . . .

« Il a prouvé que, depuis quarante ans, les hommes
« de bien et les catholiques n'ont pas donné dans la
« vie publique le rendement que l'Eglise et la France
« étaient en droit d'attendre d'eux, parce qu'ils se
« sont désunis ; que toutes leurs défaites sont venues
« moins de la force de leurs adversaires qui est
« grande, cependant, que de leur propre désorganisa-
« tion qui est encore plus grande ; que l'absence de
« rouages de transmission, de moteurs principaux,
« de mots d'ordre universellement admis a transformé
« en cohue désemparée une force qui aurait été une
« puissante armée, si elle avait été ordonnée et dis-
« ciplinée. Et il n'a pas caché que l'application
« libérale ou sectaire, bonne ou funeste de la loi
« sur les pupilles dépendrait, elle aussi, de la mesure
« dans laquelle les catholiques sauraient se grouper
« et s'unir étroitement. »

Par conséquent, du jour où nous nous déciderons à remplir en conscience tous nos devoirs sociaux et religieux, et que nous laisserons de côté nos idées

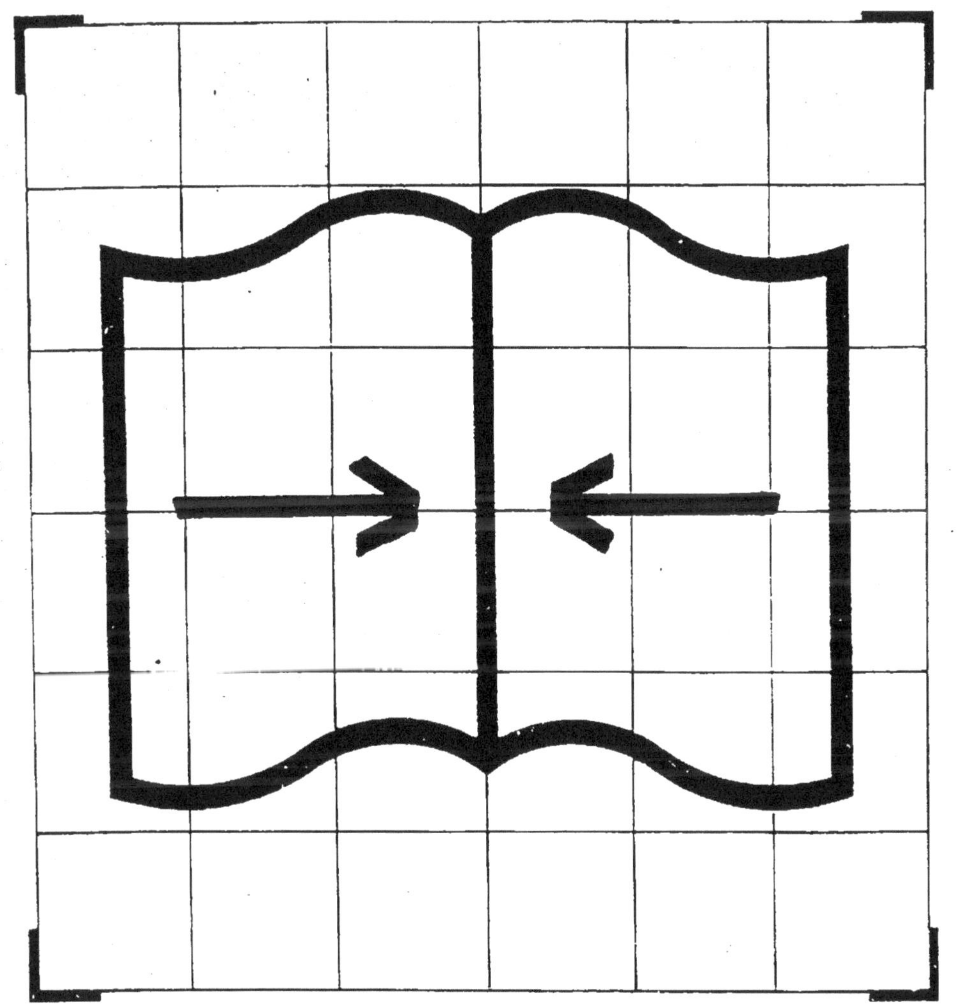

d'orgueil, nos préférences personnelles, nos petite intrigues et nos rivalités mesquines, pour ne pense vraiment qu'à la beauté du but à atteindre, nou ferons alors acte utile de bons Français, de bons citoyens, de bons pères de famille et de vrais chrétiens, surtout si nous obéissons à l'esprit chrétien dans tous nos rapports avec le prochain, car nous serons certains de travailler avec fruit

à la gloire de Dieu

et à la grandeur de la Patrie !

Bar-le-Duc. — Impr. Saint-Paul. — 1580,3,19.

www.ingramcontent.com/pod-product-compliance
Ingram Content Group UK Ltd.
Pitfield, Milton Keynes, MK11 3LW, UK
UKHW020555230726
13926UKWH00005B/2017